Convergências entre currículo
e tecnologias

O selo DIALÓGICA da Editora InterSaberes faz referência às publicações que privilegiam uma linguagem na qual o autor dialoga com o leitor por meio de recursos textuais e visuais, o que torna o conteúdo muito mais dinâmico. São livros que criam um ambiente de interação com o leitor – seu universo cultural, social e de elaboração de conhecimentos –, possibilitando um real processo de interlocução para que a comunicação se efetive.

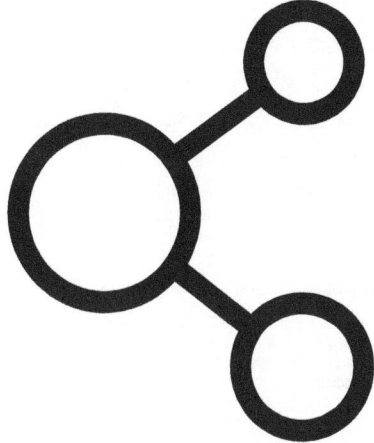

Siderly do Carmo Dahle de Almeida

Convergências entre currículo e tecnologias

Rua Clara Vendramin, 58 • Mossunguê • CEP 81200-170
Curitiba • PR • Brasil • Fone: (41) 2106-4170
www.intersaberes.com
editora@editoraintersaberes.com.br

Conselho editorial	Dr. Ivo José Both (presidente)
	Drª Elena Godoy
	Dr. Neri dos Santos
	Dr. Ulf Gregor Baranow
Editora-chefe	Lindsay Azambuja
Supervisora editorial	Ariadne Nunes Wenger
Analista editorial	Ariel Martins
Preparação de originais	Dayene Castilho
Edição de texto	Arte e Texto
	Camila Rosa
Capa	Iná Trigo
Projeto gráfico	Frederico Burlamaqui
Equipe de *design*	Charles L. da Silva
	Mayra Yoshizawa
Iconografia	Celial Kikue Suzuki
	Regina Claudia Cruz Prestes

Dados Internacionais de Catalogação na Publicação (CIP)
(Câmara Brasileira do Livro, SP, Brasil)

Almeida, Siderly do Carmo Dahle de
 Convergências entre currículo e tecnologias/Siderly do Carmo Dahle de Almeida. Curitiba: InterSaberes, 2019. (Série Processos Educacionais)

 Bibliografia.
 ISBN 978-85-227-0004-2

 1. Avaliação educacional – Brasil 2. BNCC – Base Nacional Comum Curricular 3. Currículos 4. Políticas públicas 5. Professores – Formação 6. Tecnologias digitais I. Título. II. Série.

19-24248   CDD-375.001

Índices para catálogo sistemático:
1. Currículos: Educação 375.001
 Maria Paula C. Riyuzo – Bibliotecária – CRB-8/7639

1ª edição, 2019.
Foi feito o depósito legal.
Informamos que é de inteira responsabilidade da autora a emissão de conceitos.
Nenhuma parte desta publicação poderá ser reproduzida por qualquer meio ou forma sem a prévia autorização da Editora InterSaberes.
A violação dos direitos autorais é crime estabelecido na Lei n. 9.610/1998 e punido pelo art. 184 do Código Penal.

EDITORA AFILIADA

Sumário

Apresentação, 7

Organização didático-pedagógica, 9

1 Currículo: conceitos e bases históricas, 11
1.1 Significados para a palavra *currículo*, 13
1.2 O currículo e sua trajetória histórica, 17
1.3 O currículo no Brasil: breves pinceladas, 23

2 Concepções de currículo e as teorias que o sustentam, 33
2.1 Concepções acerca do tema currículo, 35
2.2 O currículo sob o enfoque das teorias, 41

3 Modelos de currículo: internacional e nacional, 61
3.1 Os currículos internacionais, 63
3.2 O currículo nacional, 72
3.3 O currículo como articulador da teoria com o processo de ensino-aprendizagem, 79

4 Currículo e tecnologia, 85
4.1 O que é tecnologia?, 87

4.2 As tecnologias digitais de informação e comunicação e o currículo escolar: políticas públicas, 92

4.3 Incentivo governamental: programas de inclusão de tecnologia nos currículos da educação básica, 96

4.4 Uso de tecnologias digitais de informação e comunicação e abordagens educacionais: construtivismo, construcionismo e conectivismo, 100

4.5 A inserção de tecnologias ao currículo e a formação de professores, 108

5 Debates contemporâneos acerca do currículo, 119

5.1 A abordagem curricular sob o ponto de vista de Michael Young, 122

5.2 A abordagem curricular sob o ponto de vista de Gimeno Sacristán, 130

5.3 Outros teóricos que se debruçaram sobre o currículo, 134

6 Currículo nacional e avaliação, 143

6.1 Organização do trabalho didático: contextualização, princípios e elementos, 145

6.2 Base Nacional Comum Curricular (BNCC): uma retomada necessária, 150

6.3 Relações entre o processo de ensino-aprendizagem, a organização curricular e a avaliação, 152

Considerações finais, 165

Referências, 167

Bibliografia comentada, 179

Respostas, 181

Sobre a autora, 185

Apresentação

Caro(a) acadêmico(a), este livro tem por intuito refletir sobre as convergências entre currículo e tecnologia, pois, diante do contexto em que se encontra a sociedade (era das incertezas, globalização econômica e cultural, desenvolvimento acelerado das tecnologias, da comunicação e da informática, generalização das fontes de informação e do acesso a elas por meio da internet), a educação tem o desafio de compreender que o conhecimento se baseia na busca de relações que ajudem a compreender o mundo em que vivemos. Nesse contexto, o currículo adquire um papel fundamental.

É o currículo que define **o que ensinar, para que ensinar e como ensinar**. É por meio dele que a escola se efetiva como instituição de ensino e, no contexto escolar, ele se manifesta em diferentes níveis, cujas características revelam fatores e aspectos que interferem na aprendizagem dos estudantes.

É mister salientar que, ao ser produzido no mundo social, o currículo adquire aspectos culturais que medeiam o ato educativo. Seja qual for a teoria que o sustente, ela abarca um envolvimento político, tendo em vista que educação, escola e currículo são elementos permeados pela política cultural.

Assim, a fim de facilitar a leitura e a compreensão deste livro, ele foi estruturado em seis capítulos.

No Capítulo 1, nosso intuito será refletir sobre a origem do termo *currículo*, as bases históricas em que se estabelecem as concepções de currículo e sua trajetória pelo mundo e no Brasil.

No Capítulo 2, apresentaremos as bases teóricas em que se estabelecem as concepções de currículo, apontando especialmente para a distinção entre as teorias tradicional, crítica e pós-crítica.

No Capítulo 3, discutiremos sobre modelos de currículo internacional e nacional e ofereceremos subsídios para a reflexão sobre a Base Nacional Comum Curricular (BNCC), a qual foi homologada pelo Ministério da Educação (MEC) no dia 20 de dezembro de 2017.

Continuando nossa caminhada, demonstraremos que é incoerente pensar o currículo desvinculado da tecnologia, razão pela qual, no Capítulo 4, convidaremos você a compreender o currículo, tendo em vista as possibilidades de uso e integração nas práticas pedagógicas.

Além disso, também observaremos que, contemporaneamente, muitos curriculistas têm se debruçado sobre o tema currículo, considerando o atual contexto que nos cerca. É preciso, então, como responsáveis pela educação em nosso país, que reconheçamos esses autores em seus discursos e que possamos perceber o quanto são importantes para o desenvolvimento de nosso trabalho docente. Nesse sentido, no Capítulo 5, nosso objetivo será debater o que é um conhecimento válido e o que poderia compor um currículo direcionado para o futuro. Para esse debate, recorreremos a autores como Ivor Goodson, Michael Young, Michael Apple e Gimeno Sacristán.

Finalmente, no Capítulo 6, conversaremos sobre o currículo e a avaliação, que, a nosso ver, são atividades indissociáveis. Teremos, também, a oportunidade de observar que subsistem diversos paradigmas e práticas educativas referentes à avaliação, a qual, devido às dificuldades impostas pelas leis e diretrizes, muitas vezes adquire, em sua prática, o *status* de mensuração, reduzindo aqueles que não alcançam os objetivos propostos à desqualificação, em vez de avaliá-los de maneira integral e na perspectiva diagnóstica.

Quanta coisa temos para refletir, não é mesmo? Mas não se preocupe, pois todos esses assuntos serão detalhados no decorrer das próximas páginas. Com a certeza de que você está entusiasmado para iniciarmos nossa reflexão, vamos adiante. Bons estudos!

Organização didático-pedagógica

Esta seção tem a finalidade de apresentar os recursos de aprendizagem utilizados no decorrer da obra, de modo a evidenciar os aspectos didático-pedagógicos que nortearam o planejamento do material e como o aluno/leitor pode tirar o melhor proveito dos conteúdos para seu aprendizado.

Síntese

Você conta, nesta seção, com um recurso que o instigará a fazer uma reflexão sobre os conteúdos estudados, de modo a contribuir para que as conclusões a que você chegou sejam reafirmadas ou redefinidas.

Indicações culturais

Ao final do capítulo, o autor oferece algumas indicações de livros, filmes ou *sites* que podem ajudá-lo a refletir sobre os conteúdos estudados e permitir o aprofundamento em seu processo de aprendizagem.

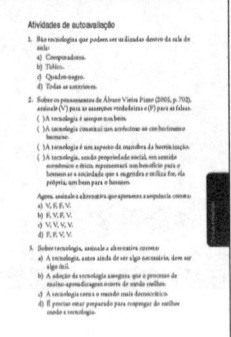

Atividades de autoavaliação

Com estas questões objetivas, você tem a oportunidade de verificar o grau de assimilação dos conceitos examinados, motivando-se a progredir em seus estudos e a se preparar para outras atividades avaliativas.

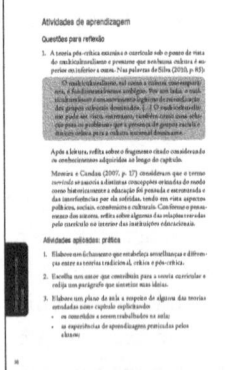

Atividades de aprendizagem

Aqui você dispõe de questões cujo objetivo é levá-lo a analisar criticamente determinado assunto e aproximar conhecimentos teóricos e práticos.

Bibliografia comentada

Nesta seção, você encontra comentários acerca de algumas obras de referência para o estudo dos temas examinados.

1 Currículo: conceitos e bases históricas

Neste capítulo, apresentaremos as bases históricas em que se estabelecem as concepções de currículo, apontando especialmente para os significados da palavra *currículo*, sua história e sua origem no Brasil e no mundo.

Ao longo do capítulo, mostraremos que o currículo foi pensado para ser um instrumento hegemônico que assegura qualificação para o mercado de trabalho e controle dos processos, garantindo a manutenção do *status quo* e das relações de poder. Devido às suas peculiaridades, o currículo tem potencial para transformar essas relações e promover mudanças sociais.

1.1 Significados para a palavra *currículo*

"Envie seu currículo para o RH"; "deixe seu currículo na portaria"; "cadastre seu currículo no *site* X"; "elabore seu currículo conforme o modelo"; "este curso não soma pontos no currículo"... Essas são expressões com as quais nos deparamos cotidianamente, especialmente quando pretendemos nos inserir no mercado de trabalho, haja vista ser o currículo um "documento em que se reúnem dados relativos às características pessoais, formação, experiência profissional e/ou trabalhos realizados por um candidato a emprego" (Houaiss, 2018). Nesse sentido, o currículo, também conhecido como *curriculum vitae*, significa a nossa carta de apresentação ao empregador.

Aqui, recorremos às palavras de Silva (2010, p. 150), ao mencionar que

> o currículo é lugar, espaço, território. O currículo é relação de poder. O currículo é trajetória, viagem, percurso. O currículo é autobiografia, nossa vida, *curriculum vitae*: no currículo se forja a identidade. O currículo é texto, discurso, documento. O currículo é documento de identidade.

Com relação à terminologia, Goodson (1995) menciona que *currículo* é um vocábulo derivado do termo latino *scurrere*, que significa pista ou percurso a ser percorrido. Universalmente, o vocábulo *curriculum* não tem o mesmo significado. Por exemplo, na língua inglesa, o termo *syllabuses* (programas escolares) tem a mesma conotação que no vocabulário francês se aplica ao termo *currículo* (*programme d'études*): "Plano de estudos" ou "Programa de estudos" (Forquin, 1999, p. 22).

Então, após este preâmbulo, como podemos conceituar currículo?

De antemão, alertamos que, com relação ao conceito de currículo, não há unicidade. O conceito e a definição do termo, bem como as concepções a respeito dele, são diferenciadas e determinadas de acordo com valores educativos (Contreras, 2013). Por exemplo, o pesquisador português Pacheco (2005, p. 33) o define como "um projecto que resulta não só do plano das intenções, bem como do plano da sua realização no seio de uma estrutura organizacional".

Para Veiga-Neto (2002, p. 164), o currículo "engendrou – e de certo modo ainda engendra – rotinas e ritmos para a vida cotidiana de todos aqueles que, direta ou indiretamente, têm algo a ver com a escola."

No documento intitulado *Currículo, conhecimento e cultura*, organizado pelo Ministério da Educação (MEC), o currículo é definido como:

> o espaço em que se concentram e se desdobram as lutas em torno dos diferentes significados sobre o social e sobre o político. É por meio do currículo que certos grupos sociais, especialmente os dominantes, expressam sua visão de mundo, seu projeto social, sua "verdade". O currículo representa, assim, um conjunto de práticas que propiciam

> a produção, a circulação e o consumo de significados no espaço social e que contribuem, intensamente, para a construção de identidades sociais e culturais. O currículo é, por consequência, um dispositivo de grande efeito no processo de construção da identidade do(a) estudante. (Moreira; Candau, 2007, p. 28)

Assim, no contexto educacional, o termo *currículo* remete ao curso a ser seguido. É ele que determina o caminho a ser percorrido pela escola. O currículo é um instrumento que expressa a maneira como a instituição cumpre o seu papel socializador e cultural no exercício das práticas pedagógicas (Gimeno Sacristán, 2000).

Forquin (1999, p. 22) recorre ao vocabulário anglo-saxão e menciona que o termo *currículo* vai além da indicação de uma "categoria específica de objetos pertencentes à esfera educativa", além de que, no ambiente escolar, ele representa

> um percurso educacional, um conjunto contínuo de situações de aprendizagem ('learning experiences') às quais um indivíduo vê-se exposto ao longo de um dado período, no contexto de uma instituição de educação formal. Por extensão, a noção designará menos um percurso efetivamente cumprido ou seguido por alguém do que um percurso prescrito para alguém, um programa ou um conjunto de programas de aprendizagem organizados em cursos.

Esse autor complementa que o currículo é o conjunto do que se ensina e do que se aprende, ordenado e com progressão determinada em um dado ciclo de estudos (Forquin, 1999). Assim, currículo é um programa de estudos ou de formação que deve ser visto em sua globalidade e ser coerente com a didática das "situações e das atividades de aprendizagem às quais dá lugar" (Forquin, 1999, p. 188).

Nessa esteira de pensamento, Moreira e Candau (2007, p. 17), relatam que "à palavra currículo associam-se distintas concepções, que derivam dos diversos modos de como a educação é concebida historicamente, bem como das influências teóricas que a afetam e se fazem hegemônicas em um dado momento".

De acordo com os referidos autores, vários fatores políticos, socioeconômicos e culturais contribuíram para que o currículo seja entendido como:

> (a) os conteúdos a serem ensinados e aprendidos;
>
> (b) as experiências de aprendizagem escolares a serem vividas pelos alunos;
>
> (c) os planos pedagógicos elaborados por professores, escolas e sistemas educacionais;
>
> (d) os objetivos a serem alcançados por meio do processo de ensino;
>
> (e) os processos de avaliação que terminam por influir nos conteúdos e nos procedimentos selecionados nos diferentes graus da escolarização. (Moreira; Candau, 2007, p. 17-18)

Moreira e Candau (2007, p. 18) acrescentam, ainda, que o currículo associa-se "ao conjunto de esforços pedagógicos desenvolvidos com intenções educativas. Por esse motivo, a palavra tem sido usada para todo e qualquer espaço organizado para afetar e educar pessoas, o que explica o uso de expressões como o currículo da mídia, o currículo da prisão etc.".

Dessa forma, é importante que, ao organizar o currículo, levemos em consideração todos os elementos que compõem o universo educativo, pois, como afirma Martins (1993, p. 40), o currículo representa

> a expressão de uma legitimidade e de um poder relacionados com tomadas de decisões sobre seleção, organização e avaliação de conteúdos de aprendizagem, que são a face visível da realidade escolar, e ainda com o papel desempenhado por cada ator educativo na construção do projeto formativo do aluno.

Ante o exposto, urge a necessidade de que as instituições escolares adotem uma política curricular consistente.

Conforme podemos perceber, devido a essa diversidade de valores, as discussões acerca do tema assumiram significados variados, entre os quais podemos destacar: projeto escolar; plano de ensino; conjunto de conteúdos e matérias; guia de experiência; plano de atividades; conjunto de habilidades; expressão de concepções e práticas; resultados de aspectos escolares; veículo de concepção entre professor e aluno; representação cultural.

Assim, a amplitude que envolve o conceito de currículo dificulta o estabelecimento de seu real significado. Entretanto, aqui, neste contexto, sempre que nos referirmos a *currículo*, faremos menção às atividades organizadas *nas* e *pelas* instituições escolares.

1.2 O currículo e sua trajetória histórica

Em seus escritos sobre a origem do termo *currículo*, David Hamilton (1992), aponta que a primeira menção a ele data de 1633, sendo encontrada na Universidade de Glasgow, mais precisamente no *Oxford English Dictionary*. De acordo com o referido autor: "a palavra aparece num atestado concedido a um mestre quando de sua graduação; e está vazada numa forma que, assim o afirma a reimpressão feita no século XIX, tinha sido promulgada 'logo após' que a Universidade tinha sido reformada pelos protestantes em 1577" (Hamilton, 1992, p. 41).

Já para Goodson (1995), a invenção do currículo data do século XVI. Hamilton (1992) também não descarta a possibilidade de que o vocábulo *curriculum* nos meios educacionais tenha se originado nos discursos latinos das congregações do final do século XVI e acrescenta que talvez Andrew Melville, professor escocês na Academia de Genebra entre 1569 e 1574, tenha sido o portador (se não do termo) da ideia de *curriculum*.

Hamilton (1992, p. 47) questiona, ainda, se "seria o caso de que 'curriculum' tenha trazido para a prática educacional calvinista o mesmo tipo de ordem que 'disciplina' tinha trazido para a prática social calvinista?". A respeito do termo *educacional*, o autor sintetiza sua resposta da seguinte maneira:

> emergiu na confluência de vários movimentos sociais e ideológicos. Primeiro, sob a influência das revisões de Ramus[1], o ensino de dialética ofereceu uma pedagogia geral que podia ser aplicada a todas as áreas de aprendizagem. Segundo, as visões de Ramus sobre a organização do ensino e da aprendizagem tornou-se consoante com as aspirações disciplinares do calvinismo. E, terceiro, o gosto calvinista pelo uso figurado de "vitae curriculum" – uma frase que remonta a Cícero (morte: 43 a.C.) – foi ampliado para englobar as novas características de ordem e de sequência da escolarização do século XVI. (Hamilton, 1992, p. 47)

Não importa a data em que o termo *currículo* apareceu na literatura. O importante é lembrar que, desde sua origem, ele está relacionado ao processo de ensino-aprendizagem e tem por finalidade facilitar a organização escolar, pois o *curriculum* trouxe "um sentido maior de controle tanto ao ensino quanto à aprendizagem" (Hamilton, 1992, p. 43).

Gimeno Sacristán (2000, p. 205), outro autor que contribuiu para a historização do currículo, menciona que:

> o protótipo de currículo da modernidade pedagógica tem suas raízes na concepção de paideia ateniense que era elitista, porque a formação era para a classe dominante. Depois incorporou o legado do humanismo renascentista, igualmente minoritário, destruído mais tarde pela orientação realista, própria do desenvolvimento da ciência moderna, iniciada nos séculos XVII e XVIII. [...] Com os ideais da Revolução Francesa e, mais tarde, com os movimentos revolucionários dos séculos XIX e XX, há uma incorporação das dimensões moral e democrática, segundo as quais a educação redime os homens, cultiva-os para o sucesso de uma nova sociedade e forma-os como cidadãos; por isso, deve estar à disposição de todos e tornar-se universal.

---

1 Peter Ramus (1515-1572) foi um professor da Universidade de Paris que reafirmou os aspectos sequenciais do método dialético, enfatizando a generabilidade intelectual e a relevância pedagógica desse método, "argumentando que ele era apropriado não apenas para as artes filosóficas, mas para todo 'assunto que desejemos ensinar fácil e claramente'" (Hamilton, 1992, p. 44).

Moreira (2002) menciona que o currículo, enquanto campo de estudos e práticas, surgiu nos Estados Unidos, no final do século XIX, para atender a necessidades de ordem administrativa, que incluíam a organização e o controle das escolas e dos sistemas administrativos. Assim, inicialmente, baseou-se nos princípios da administração científica e, posteriormente, apropriou-se dos pressupostos básicos e da metodologia da sociologia e da psicologia comportamental.

Nereide Saviani (1998, p. 23) explicita, porém, que o currículo vincula-se à racionalidade, e há muito tempo existe arraigado nas palavras *ordem, disciplina* e *método*. De acordo com a autora, as questões que o envolvem são complexas e englobam "sua elaboração, interpretação, implementação e avaliação".

A necessidade de organização e sistematização do conhecimento escolar em um currículo tornou-se necessária a partir da institucionalização da educação escolar e do interesse em sua universalização, pois, além da relação de conteúdos, o currículo envolve também

> questões de poder, tanto nas relações professor/aluno e administrador/professor, quanto em todas as relações que permeiam o cotidiano da escola e fora dela, ou seja, envolve relações de classes sociais (classe dominante/classe dominada) e questões raciais, étnicas e de gênero, não se restringindo a uma questão de conteúdos. (Hornburg; Silva, 2007, p. 1)

Dessa maneira, o currículo é muito mais do que um curso a ser seguido para o sucesso das práticas escolares. É, também, um instrumento mediador dos problemas que poderão surgir na instituição, refletindo, assim, as particularidades históricas da comunidade escolar heterogênea, composta por diversas demandas, com significados distintos e dinâmicos e repleta de conflitos (Laclau; Mouffe, 2004).

Vale ressaltar que o currículo não se restringe a um documento e às políticas curriculares. Ele engloba um texto que pode ou não ser verbalizado ou escrito, abrangendo os espaços e interesses de diferentes sujeitos. Nesse mesmo sentido, McLaren (1997, p. 216) pondera que:

> O currículo representa muito mais do que um programa de estudos, um texto em sala de aula ou o vocabulário de um curso. Mais do que isso, ele representa a introdução de uma forma particular de vida; ele serve, em parte, para preparar os estudantes para posições dominantes ou subordinadas na sociedade existente. O currículo favorece certas formas de conhecimento sobre outras e afirma os sonhos, desejos e valores de grupos seletos de estudantes sobre outros grupos, com frequência discriminando certos grupos raciais, de classe ou gênero.

Perante o exposto, é imprescindível que o currículo seja considerado parte integrante de um sistema educativo. Assim, é necessário levar em conta as condições reais para seu desenvolvimento, atentando para as práticas políticas e administrativas, para as condições estruturais, organizativas e materiais, bem como para as questões referentes ao corpo docente e às ideias e significados que lhe dão forma, em um processo de transformação e construção dentro de certas condições políticas, históricas e/ou econômicas (Gimeno Sacristán, 2000).

Nesse sentido, urge a necessidade de que conheçamos as maneiras pelas quais o currículo se manifesta em determinado processo educativo, pois ele expressa o equilíbrio entre forças e interesses existentes no interior do sistema escolar num dado momento histórico, bem como a posição dos sujeitos diante do que deseja transmitir, estando intimamente ligado às funções socializadoras da instituição educativa (Gimeno Sacristán, 2000).

No entendimento de Gimeno Sacristán (2000), o currículo perpassa por algumas dimensões, as quais ele subdivide em seis níveis de interpretação: o currículo prescrito; o currículo apresentado aos professores; o currículo modelado pelos professores; o currículo em ação; o currículo realizado; e o currículo avaliado. A Figura 1.1, a seguir, explica a objetivação do currículo no processo de seu desenvolvimento.

Figura 1.1 – Dimensões do currículo

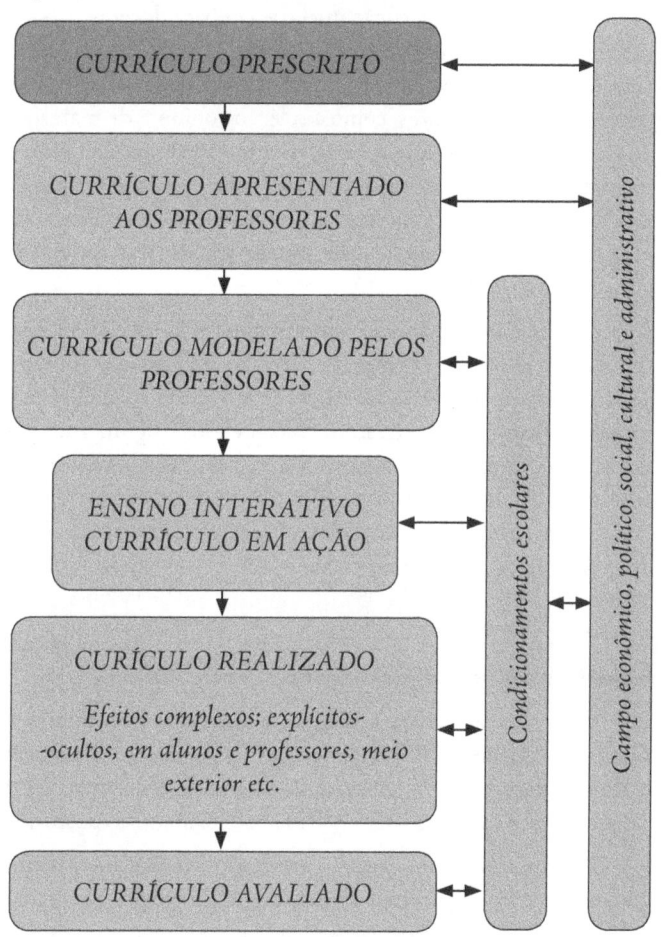

Fonte: Gimeno Sacristán, 2000, p. 105.

O primeiro nível – o **currículo prescrito** – estabelece o que deve ser trabalhado pelas instituições escolares. Ele representa as intenções, as posturas e as concepções de ensino que interferem diretamente no trabalho a ser realizado pelos professores e, consequentemente, na formação dos alunos. Nas palavras de Gimeno Sacristán (2000, p. 104): "São aspectos que atuam como referências na ordenação do sistema curricular, servem de ponto de partida para elaboração de materiais, controle do sistema etc.".

O segundo nível – **currículo apresentado aos professores** – entende que a formação inicial e a prática docente não são suficientes para estruturar o processo de ensino-aprendizagem. Os meios elaborados para traduzir o significado do currículo prescrito aos professores, como a seleção conjunta de materiais, auxiliam a obtenção dos resultados almejados nas práticas pedagógicas, delimitando com clareza o que é necessário para a realização da proposta curricular. As prescrições, que costumam ser muito genéricas, não são suficientes para orientar a atividade educativa na escola.

O **currículo modelado pelos professores** corresponde ao terceiro nível. Nele, o professor não é apenas expectador, mas protagonista do seu processo de desenvolvimento: "agente ativo muito decisivo na concretização dos conteúdos e significados dos currículos" (Gimeno Sacristán, 2000, p. 105). A possibilidade de intervir na configuração dos significados curriculares possibilita ao docente modelar, (re)organizar e (res)significar o currículo com base no real, inferindo também sobre os resultados de sua prática.

No quarto nível – **currículo em ação** –, as ideias, os valores e as atividades pedagógicas adquirem concretude.

Com relação ao quinto nível – **currículo realizado** –, Gimeno Sacristán (2000) evidencia que é a ponte entre a intenção e a ação, a teoria e a prática, resultado de uma trama de relações que envolvem os níveis curriculares anteriormente expostos.

Por fim, no último nível – **currículo avaliado** –, a avaliação atua como "uma pressão modeladora da prática curricular" (Gimeno Sacristán, 2000, p. 311), articulando-se a trama social na qual o currículo se constrói e se realiza na prática, tornando possível o ajuste da prática pedagógica. O ato de avaliar, por parte do professor, é mais um componente realizado no cotidiano, com vistas a refletir sobre os resultados do processo de ensino-aprendizagem, do que um aspecto que integra o currículo impondo critérios para esse processo, reforçando um significado definido na prática.

No próximo item, debateremos como e quando se iniciaram os estudos sobre currículo em nosso país.

1.3 O currículo no Brasil: breves pinceladas

No Brasil, o currículo sempre sofreu forte influência internacional, desde o período colonial, pois os conteúdos escolares foram influenciados pelo modelo trazido ao país pelos jesuítas, com acentuado rigor metodológico e conteúdos que permitissem alcançar o objetivo de implantar os valores da fé europeia. Nesse momento, a educação visava a "aculturação" dos que aqui estavam (Saviani, 2008).

Durante o Império, a influência norte-americana dominou todos os aspectos da sociedade brasileira, desde os políticos até os assuntos pertinentes à educação.

Assim, efetivamente, os estudos sobre o currículo no Brasil se iniciaram década de 1920, a partir das reformas educacionais ocorridas na Bahia, no Distrito Federal e em Minas Gerais, quando os educadores integrantes do Manifesto dos Pioneiros da Escola Nova se preocuparam com a organização curricular das escolas brasileiras. Segundo Moreira (2001, p. 77):

> As reformas elaboradas pelos pioneiros representaram um importante rompimento com a escola tradicional, por sua ênfase na natureza social do processo escolar, por sua preocupação em renovar o currículo, por sua tentativa de modernizar os métodos e estratégias de ensino e de avaliação e, ainda, por sua insistência na democratização da sala de aula e da relação professor-aluno.

Na década de 1930, sob a liderança do Instituto Nacional de Estudos e Pesquisas Educacionais Anísio Teixeira (Inep) e do Programa de Assistência Brasileiro-Americana ao Ensino Elementar (Pabaee), a organização curricular no país passou por outras reformas educacionais, influenciadas pelas teorias estadunidenses, como as ideias humanistas e progressistas de John Dewey e William Kilpatrick, que criticavam o currículo tradicional defendido pela elite. É importante ressaltar que esse modelo dominou o cenário educacional brasileiro até a década de 1960.

De acordo com Silva (2008), as obras do educador americano John Franklin Bobbitt, *The Curriculum* (1918) e *How to Make a Curriculum* (1924), também exerceram influência no currículo escolar brasileiro.

> Bobbit queria que o sistema educacional fosse capaz de especificar precisamente que resultados pretendia obter, que pudesse estabelecer métodos para obtê-los de forma precisa e formas de mensuração que permitissem saber com precisão se eles foram realmente alcançados. O sistema educacional deveria começar por estabelecer de forma precisa quais são seus objetivos. Esses objetivos, por sua vez, deveriam se basear num exame daquelas habilidades necessárias para exercer com eficiência as ocupações profissionais da vida adulta. O modelo de Bobbitt estava claramente voltado para a economia. [...] O sistema educacional deveria ser tão eficiente quanto qualquer outra empresa econômica. (Silva, 2008, p. 23-24)

A promulgação da Lei de Diretrizes e Bases da Educação Nacional (LDB) n. 4.024, de 20 de dezembro de 1961 (Brasil, 1961), intensificou a discussão sobre o currículo no país, a ponto de, em 1962, os cursos de Pedagogia implantarem em suas matrizes curriculares uma disciplina intitulada *Currículos e Programas*, a qual está presente em cursos de licenciatura até a atualidade. É mister salientar, porém, que até a década de 1980 o currículo no Brasil continuava assentado nas teorias americanas de viés funcionalista, que procuravam explicar, pelo olhar das ciências sociais, aspectos da sociedade relativos às suas funções – ou seja, cada instituição tem uma função clara na sociedade.

O interesse pela democratização da sociedade brasileira nas décadas de 1980 e 1990 trouxe novos elementos para compor as discussões acerca do currículo escolar.

A abertura política gerou a necessidade de repensar a sociedade, agora pautada no interesse democrático, intensificando os movimentos contra-hegemônicos, inclusive nos espaços escolares, que buscavam se constituir em duas modalidades: uma, como "espaços de expressão das ideias populares e de exercício da autonomia popular; outra, que se pautava pela centralidade da educação escolar, valorizando o acesso das camadas populares ao conhecimento sistematizado" (Saviani, 2008, p. 415).

As bases legais do currículo foram estabelecidas por meio da criação da LDB n. 9.394, de 20 de dezembro de 1996, a qual menciona que compete à União, em parceria com os estados e municípios, definir os conteúdos mínimos comuns em todo o país e ao Plano Nacional de Educação (PNE), além de determinar as diretrizes, as metas e as estratégias para a política educacional no decorrer do período de 2014 a 2024 (Brasil, 1996).

Em 1997, sob a consultoria do psicólogo espanhol Cesar Coll, o MEC publicou os Parâmetros Curriculares Nacionais (PCNs), documento composto por dez volumes e que contribuiu para a intensificação da discussão sobre o currículo, pois, no entendimento de Coll (2000, p. 31), currículo é

> o projeto que preside as atividades educativas escolares, define suas intenções e proporciona guias de ações adequadas e úteis para os professores, que são diretamente responsáveis por sua execução. Para isso, o currículo proporciona informações concretas sobre que ensinar, quando ensinar, como ensinar e que, como e quando avaliar. Um currículo é uma tentativa de comunicar os propósitos educativos de tal forma que permaneça aberto à discussão crítica e possa ser efetivamente transladado em prática.

Em 15 de dezembro de 2017, após longos anos de debates, foi aprovada a Base Nacional Comum Curricular (BNCC). O documento foi homologado no dia 20 de dezembro do mesmo ano e tem por intuito nortear os currículos e as atividades pedagógicas em todo território nacional[2].

Esperamos que você tenha apreciado a leitura até este momento, pois pararemos por aqui, porque você já tem bastante informação para iniciar seus estudos sobre currículo, não é mesmo?!

---

2 A BNCC será discutida com mais profundidade nos próximos capítulos deste livro.

Síntese

Neste capítulo, tivemos a oportunidade de discutir sobre a acepção do vocábulo *curriculum*. Percebemos que se trata de uma palavra que possui diversos e distintos significados, bem como que a ideia de currículo evoluiu e/ou se modificou conforme os padrões vigentes na sociedade.

Conhecemos, também, alguns conceitos e as múltiplas dimensões que o currículo adquire. Entendemos que, devido à sua importância para a organização da escola, ele deve ser pensado em um processo conjunto realizado na comunidade escolar, uma vez que esta tem objetivos comuns que devem ser pautados no cotidiano da instituição para que possa tomar as melhores decisões ante as circunstâncias que se apresentarem.

Na nossa trajetória, ainda refletimos sobre a história do currículo no Brasil. Por fim, sintetizamos que conhecer a história que permeia a construção curricular no país permite-nos adquirir elementos para perceber as questões ideológicas implícitas ao currículo, clarificando as relações de poder por ele estabelecidas por meio da cultura hegemônica, sendo este um importante salto para sua superação.

Indicações culturais

ARROYO, M. G. *Educandos e educadores*: seus direitos e o currículo. Brasília: Ministério da Educação/Secretaria de Educação Básica, 2007. (Indagações sobre Currículo). Disponível em: <http://portal.mec.gov.br/seb/arquivos/pdf/Ensfund/indag2.pdf>. Acesso em: 20 nov. 2018.

FERNANDES, C. de O.; FREITAS, L. C. de. *Currículo e avaliação*. Brasília: Ministério da Educação/Secretaria de Educação Básica, 2007. (Indagações sobre Currículo). Disponível em: <http://portal.mec.gov.br/seb/arquivos/pdf/Ensfund/indag5.pdf>. Acesso em: 20 nov. 2018.

GOMES, N. L. *Diversidade e currículo*. Brasília: Ministério da Educação/Secretaria de Educação Básica, 2007. (Indagações sobre Currículo). Disponível em: <http://portal.mec.gov.br/seb/arquivos/pdf/Ensfund/indag4.pdf>. Acesso em: 20 nov. 2018.

LIMA, E. S. *Currículo e desenvolvimento humano*. Brasília: Ministério da Educação/Secretaria de Educação Básica, 2007. (Indagações sobre Currículo). Disponível em: <http://portal.mec.gov.br/seb/arquivos/pdf/Ensfund/indag1.pdf>. Acesso em: 20 nov. 2018.

MOREIRA, A. F. B.; CANDAU, V. M. *Currículo, conhecimento e cultura*. Brasília: Ministério da Educação/Secretaria de Educação Básica, 2007. (Indagações sobre Currículo). Disponível em: <http://portal.mec.gov.br/seb/arquivos/pdf/Ensfund/indag3.pdf>. Acesso em: 20 nov. 2018.

Caso queira se aprofundar sobre os conceitos de currículo, sugerimos a leitura dos cinco cadernos que compõem a série "Indagações sobre currículo", organizados pela Secretaria de Educação Básica do Ministério da Educação. Os textos se "propõem a trabalhar concepções educacionais e a responder às questões postas pelos coletivos das escolas e das Redes, a refletir sobre elas, a buscar seus significados na perspectiva da reorientação do currículo e das práticas educativas" (Moreira; Candau, 2007, p. 10).

AZEVEDO, F. et al. O manifesto dos pioneiros da educação nova (1932). *Revista HISTEDBR On-line*, Campinas, n. especial, p. 188-204, 2006. Disponível em: <http://www.histedbr.fe.unicamp.br/revista/edicoes/22e/doc1_22e.pdf>. Acesso em: 21 ago. 2018.

O Manifesto dos Pioneiros da Escola Nova foi um documento redigido em 1932 e assinado por 26 educadores, liderados por Fernando de Azevedo. O texto tinha por intuito estruturar o sistema educacional nos anos de 1920 e 1930. É considerado um marco na educação brasileira, pois estimulou o debate em torno da democratização do acesso à educação.

BRASIL. Ministério da Educação. Secretaria de Educação Básica. *Base Nacional Comum Curricular*. 2018. Disponível em: <http://basenacionalcomum.mec.gov.br/wp-content/uploads/2018/02/bncc-20dez-site.pdf>. Acesso em: 8 ago. 2018.

Acesse o *link* indicado para ter acesso ao documento da Base Nacional Comum Curricular (BNCC).

Atividades de autoavaliação

1. A respeito do currículo, avalie as afirmativas a seguir.
   I) É responsável pela conexão entre a sociedade e a escola, o sujeito e a cultura, o ensino e a aprendizagem.
   II) É um termo complexo e, portanto, não tem uma única definição.
   III) É uma palavra derivada do latim *curriculum*.
   IV) Significa curso, rota, caminho de vida ou das atividades de uma pessoa ou grupo de pessoas.

   Agora, assinale a alternativa que contém a resposta correta:
   a) Apenas as afirmativas I, II, III estão corretas.
   b) Apenas as afirmativas I, III e IV estão corretas.
   c) Apenas as afirmativas I e III estão corretas.
   d) Todas as afirmativas estão corretas.

2. Na década de 1930, sob a liderança de duas importantes instituições, a organização curricular no país passou por outras reformas educacionais, influenciadas pelas teorias estadunidenses, como as ideias humanistas e progressistas de John Dewey e William Kilpatrick, que criticavam o currículo tradicional defendido pela elite. Essas instituições são:
   a) O Instituto Brasileiro de Informação em Ciência e Tecnologia (IBICT) e o Conselho Nacional de Desenvolvimento Científico e Tecnológico (CNPq).
   b) O Instituto Nacional de Estudos e Pesquisas Educacionais Anísio Teixeira (Inep) e o Programa de Assistência Brasileiro-Americana ao Ensino Elementar (Pabaee).
   c) A Coordenação de Aperfeiçoamento de Pessoal de Nível Superior (Capes) e o Conselho Nacional de Educação (CNE).
   d) A Fundação de Amparo à Pesquisa do Estado de São Paulo (Fapesp) e a Fundação Padre Anchieta (FPA).

3. Relacione os termos a suas respectivas características:
   1. Currículo formal
   2. Currículo real
   3. Currículo oculto

   ( ) Não se manifesta explicitamente e não aparece descrito no planejamento, embora se configure como fator de aprendizagem.
   ( ) É entendido como o conjunto de prescrições oriundas das diretrizes curriculares.
   ( ) Resulta da prática docente, da percepção e do uso que se faz do currículo formal.
   ( ) É indicado nos documentos oficiais, nas propostas pedagógicas e nos regimentos escolares.
   ( ) Efetivamente acontece na sala de aula, como consequência do projeto pedagógico e dos planos de aula.

   A seguir, assinale a alternativa que apresenta a sequência correta:
   a) 2, 1, 2, 2, 3.
   b) 3, 1, 2, 1, 2.
   c) 1, 3, 2, 1, 1.
   d) 3, 3, 1, 1, 1.

4. De que forma podemos definir o currículo?
   a) Como uma construção individual do professor, em decorrência da sua formação acadêmica.
   b) Como uma construção da comunidade escolar, em decorrência do momento histórico vivenciado.
   c) Como uma construção social, relacionada ao momento histórico e às relações sociais que se estabelecem numa determinada sociedade.
   d) Como uma construção cultural, relacionada ao momento histórico e às relações econômicas que se estabelecem num determinado momento histórico.

5. O currículo escolar, como construção social, é um documento que:
   a) deve ser elaborado exclusivamente pela coordenação pedagógica da escola, afinal, esta tem formação específica para organizá-lo.
   b) deve ser elaborado exclusivamente pela direção da escola, pois é sua responsabilidade como responsável pela gestão da instituição.
   c) deve ser pensado e desenvolvido por todos os profissionais da escola.
   d) deve ser copiado de outras instituições de ensino, pois não é importante considerar a comunidade em que a escola está inserida.

Atividades de aprendizagem

Questões para reflexão

1. Você pôde perceber que não há um único significado para a palavra *currículo*. Nesse sentido, o que significa currículo para você?

2. De acordo com Alfredo Veiga-Neto (2002, p. 164), o currículo "engendrou – e de certo modo ainda engendra – rotinas e ritmos para a vida cotidiana de todos aqueles que, direta ou indiretamente, têm algo a ver com a escola". Considerando a concepção apresentada nesse fragmento, reflita sobre ela e compare-a com suas ideias a respeito de currículo.

Atividade aplicada: prática

1. Elabore um texto reflexivo defendendo o currículo como instrumento central do processo educativo. Os conhecimentos adquiridos neste capítulo e a Figura 1.2, a seguir, poderão ajudar você nessa tarefa.

Constituição do currículo

- Com quais recursos materiais, financeiros e humanos?
- Que caminhos podem ser trilhados para chegar ao conhecimento?
- Em que tempo-lugar histórico se realiza?
- **CURRÍCULO**
- De que conteúdo deve ser composto?
- As metas estão claras?
- Para quem se está ensinando?
- O que está sendo ensinado?

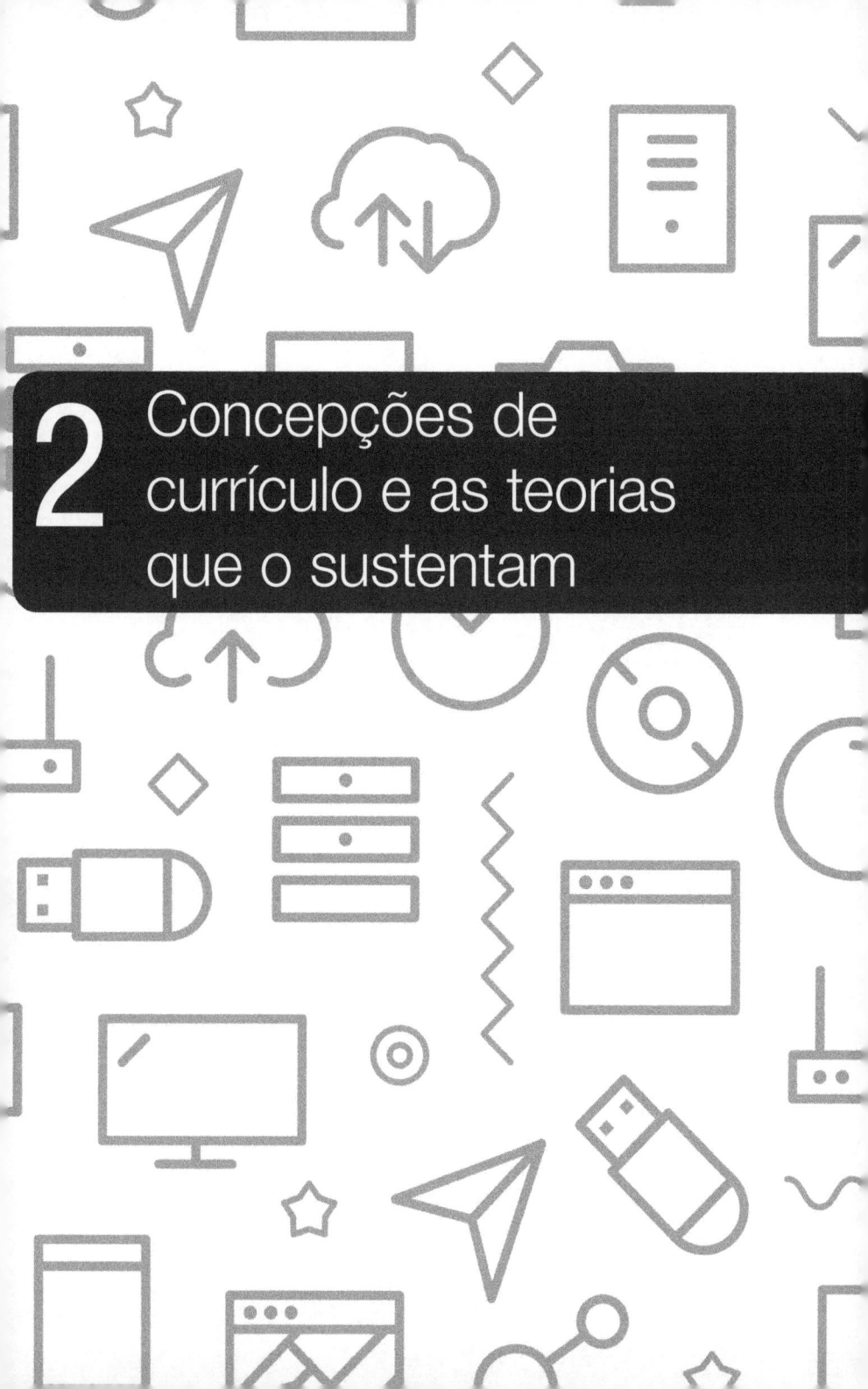

2 Concepções de currículo e as teorias que o sustentam

Que conteúdo deve ser priorizado para ser ensinado na escola? Estes conteúdos guardam relações entre si? Deve existir alguma afinidade entre o que é ensinado na escola e o que acontece na sociedade? Mais precisamente, o que os alunos precisam saber quando encerram um período letivo, um ciclo de estudos ou mesmo um curso? Que formação precisamos dar ao cidadão que vamos colocar no mercado de trabalho para que ele tenha sucesso em seus objetivos?

Há muito tempo, os estudiosos de currículo, aqui nomeados de curriculistas, buscam refletir sobre as questões postas, enfatizando que o currículo deve, necessariamente, acompanhar as questões políticas, sociais, culturais e econômicas, tal qual um espelho da sociedade, como um reflexo dela ou, ainda, sendo a sociedade um reflexo do currículo estabelecido, sistematizado e trabalhado pelas instituições de ensino.

Ao longo deste capítulo, portanto, evidenciaremos que o currículo pode ser estudado a partir de distintas perspectivas, como a sua função social, seu campo teórico, seu campo prático e, ainda, como resultado de um plano educacional.

2.1 Concepções acerca do tema currículo

Em nosso primeiro capítulo, apresentamos vários conceitos de currículo elaborados ao longo da história, os quais nos levam a compreender que o currículo não é algo inerte, estagnado ou, ainda, concluído. Ao contrário, trata-se de um processo em constante evolução que acompanha as transformações que acontecem na sociedade, influenciando e sendo influenciado por elas.

A concepção de currículo surge da necessidade de se eleger o conteúdo a ser trabalhado na escola, sempre com vistas aos impactos que este pode propiciar ao desenvolvimento da sociedade. Sob essa ótica, a primeira teoria concebida foi nomeada de *teoria tradicional*, advindo posteriormente a teoria crítica e a pós-crítica.

A teoria tradicional emerge dos princípios da administração científica. Já as teorias *crítica* e *pós-crítica* são assim chamadas por questionarem a inclusão ou não de determinados conteúdos aos currículos e buscam fazer a aproximação entre conhecimento, ideologia e empoderamento, considerando os indivíduos que se pretende formar com aquele currículo, assim como o que a sociedade espera e/ou precisa destes.

Para podermos compreender as bases teóricas que sustentam as concepções de currículo, precisamos inicialmente entender a diferença entre *conceito* (termo muito utilizado no capítulo anterior) e *concepção*. Segundo Abbagnano (2007, p. 199, grifo do original), *concepção* é um termo que "designa (assim como os correspondentes percepção e imaginação) tanto o ato de conceber quanto o objeto concebido, mas preferivelmente, o ato de conceber e não o objeto, para o qual deve ser reservado o termo *conceito*". Você consegue perceber a diferença entre os dois termos?

Vamos refletir então sobre como os diferentes estudiosos da temática, ou curriculistas (como a eles nos referiremos ao longo deste livro), entendem o currículo, ora como resultado de um processo educativo, ora como teoria que sustenta esse processo, ora como experiência ou, ainda, como princípio.

De acordo com Michael Young (2014), a teoria a respeito do currículo tem diferentes acepções. O autor salienta que, nos Estados Unidos, a teoria se originou no gerenciamento científico proposto por Frederick Winslow Taylor, que apresentava um modo de organização do trabalho em que o conceito de eficiência detinha relação com a produção. Ou seja, era preciso obter o máximo possível de produção com o mínimo de esforço. A essa teoria, na administração, atribui-se o nome de *taylorismo*.

Assim, segundo Young (2014, p. 193), os curriculistas ditavam os conteúdos que deveriam ser desenvolvidos pelos professores em sala de aula, como se estes fossem "trabalhadores manuais", imprimindo um caráter que poderíamos chamar de *utilitarista* ao currículo. Cabia, ainda, aos educadores a tarefa de evitar que o comportamento do aluno se distanciasse das metas por eles antes estabelecidas, pois isso certamente acarretaria fracasso no processo de ensino-aprendizagem.

Chizzotti e Ponce (2012, p. 27) alertam que, até meados do século XX, havia uma visão paradoxal da concepção de currículo, que, por um lado, era considerado "embrião da escola para todos", buscando garantir o acesso de toda a população ao saber sistematizado pela escola, e, por outro, "pressupôs vigilância, controle e poder de uns sobre outros", pois quem definia o que deveria estar no currículo era a classe dominante, a qual buscava produzir um pensamento "homogêneo pretensamente neutro".

Para ser neutro, o currículo deveria ter por objetivo apenas o conteúdo sistematizado em distintas disciplinas, sem a preocupação com a efetiva formação para o mundo do trabalho, sem a intencionalidade de que o egresso dessa escola pudesse interferir, de modo positivo ou negativo, na sociedade.

Outros curriculistas, como Moreira e Candau (2007, p. 17), consideram que o termo *currículo* se associa a distintas concepções oriundas do modo como historicamente a educação foi pensada e estruturada e das interferências por ela sofridas, tendo em vista aspectos políticos, sociais, econômicos e culturais, levando a um entendimento de currículo que, conforme visto na Figura 2.1, a seguir, relaciona-se

- aos conteúdos que devem sistematicamente compor as disciplinas;
- às experiências de aprendizagem praticadas pelos alunos;
- à organização dos planos pedagógicos,
- aos objetivos que se buscam conquistar;
- aos recursos que serão utilizados;
- à estratégia a ser empregada;
- ao modo como será realizada a avaliação do processo como um todo.

Figura 2.1 – Currículo e conhecimento

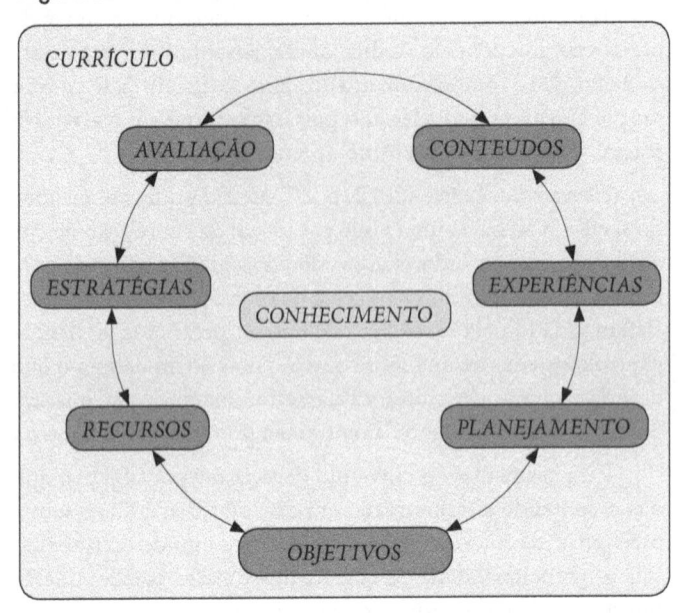

```
CURRÍCULO

        AVALIAÇÃO           CONTEÚDOS

   ESTRATÉGIAS                     EXPERIÊNCIAS
                  CONHECIMENTO

     RECURSOS                   PLANEJAMENTO

                   OBJETIVOS
```

Fonte: Elaborado com base em Moreira; Candau, 2007, p. 17.

Esse conjunto de elementos que se inter-relacionam e se potencializam mutuamente deveria, por finalidade última, garantir que o aluno teria condições, de fato, de construir conhecimento ao final de todo o processo de escolarização. É importante ressaltar que esses elementos ainda hoje prioritariamente fazem parte da composição dos currículos escolares, somados a outros importantes componentes, como veremos no decorrer deste capítulo.

E como definir o que integra e fundamenta cada um desses elementos que se interconectam na composição de um currículo?

Comecemos com o elemento **conteúdos**. Para Gimeno Sacristán (2000, p. 173), a concepção de currículo se apresenta como "um projeto seletivo de cultura, condicionado cultural, social, política e administrativamente, que preenche a atividade escolar e que se torna realidade dentro das condições da escola tal como se acha configurada". Ou seja, o conteúdo não é meramente uma lista de temas dentro de uma disciplina, mas muito mais do que isso. Em outra obra, Gimeno Sacristán e Pérez Gómez

(1998, p. 120) afirmam que "sem conteúdo não há ensino" e alertam que "a seleção considerada como apropriada depende das forças dominantes em cada momento e dos valores que historicamente foram delineando o que se acredita que é valioso para ser ensinado ou transmitido, assim como aqueles valores nos quais se pretende introduzir os alunos." (Gimeno Sacristán; Pérez Gómez, 1998, p. 154).

Assim, o que chamamos de *conteúdo escolar* vai além do ensino da soma, da subtração, da multiplicação ou da divisão em Matemática, apenas para citar alguns exemplos, avançando para outros aspectos que poderíamos aqui chamar de *particularidades transcendentes* a estes. Nesse caso, por que o aluno precisa aprender a somar, subtrair, multiplicar e dividir? Em que situações ele precisará utilizar essas operações? Que novas experiências podem ser construídas a partir da aquisição desses conhecimentos?

Quando nos referimos às **experiências**, é preciso ter em mente não apenas as experiências de aprendizagem nas quais queremos envolver nossos alunos, mas compreender que eles já trazem experiências vividas dentro e fora da escola, as quais devem ser consideradas como ponto de partida para a construção de novos conhecimentos. Por isso, a prática de avaliação diagnóstica, sobre a qual em breve falaremos, é tão importante. É preciso que saibamos, na construção do currículo, de onde podemos partir, considerando por quais experiências o aluno já passou, para que possamos ajudá-lo a construir seu percurso até a conquista daquele objetivo que estamos propondo no currículo. Isso nos exige planejamento e organização curricular.

O **planejamento** envolve a proposta pedagógica institucional, o projeto político-pedagógico (PPP) e o plano de trabalho docente, e deve considerar em suas estruturas as necessidades que envolvem a instituição de ensino e seu entorno (leia-se: a comunidade em que está inserida), tendo em vista as políticas preconizadas pelo Ministério da Educação (MEC) e pelo Conselho Nacional de Educação (CNE), órgão regulador do MEC. *Planejar* significa, antes de tudo, conhecer e fazer valer a missão institucional, o público-alvo e as relações com a comunidade, os recursos financeiros disponíveis (ou não), as diretrizes e os parâmetros nacionais, as leis e os regulamentos e a intencionalidade e as orientações curriculares do sistema ao qual a instituição está submetida.

A intencionalidade de um currículo se expressa pelo estabelecimento de seus **objetivos**. Segundo Gimeno Sacristan e Pérez Gómez (1998, p. 198), "em todo tipo de práticas dirigidas explicitadamente para fins desejados são feitos planos prévios para racionalizar a ação, guiá-la adequadamente e economizar recursos, tempo, e alcançar resultados de acordo com as finalidades estabelecidas". Assim como delinear objetivos nos ajuda em todas as ações que nos propomos a realizar em nossa vida, traçar objetivos torna-se também fundamental para a plena realização de um currículo.

Os **recursos** referem-se aos materiais ou equipamentos didáticos a serem utilizados pelo docente, lembrando que, para o uso de recursos, deve sempre haver uma intencionalidade docente. De modo contrário, tal utilização pode levar a uma mera maquiagem que busca dissimular a falta de conteúdo, de objetivo ou, ainda, de vontade do docente, que pode se fazer valer, por exemplo, do uso de tecnologia quando o que lhe falta é metodologia. Entre esses recursos, sobressai-se a questão da tecnologia, pois o uso delas "permite estabelecer relacionamentos e conexões entre distintos contextos de práticas sociais, aninhados em diversos suportes digitais (textos, imagens, vídeos, áudios, hipertextos, representações tridimensionais...) interativos" (Almeida; Silva, 2011, p. 4).

As **estratégias de ensino** relacionam-se com a maneira como se sistematiza o saber pedagógico, apresentando distintas técnicas e/ou recursos que oportunizem o alcance dos objetivos preestabelecidos para a atividade. Expressam a racionalização e o uso dos recursos adequados para a dinâmica das aulas, assim como a concepção das relações entre a didática e as metodologias previstas para o ensino. Díaz Bordenave e Pereira (2011) conceituam as estratégias de ensino como um caminho eleito ou concebido pelo docente para conduzir o aluno ao conhecimento, lembrando que esse caminho é marcado por uma teorização a ser ministrada em sua prática pedagógica.

Quanto ao processo de **avaliação**, Luckesi argumenta que "a questão central da prática da avaliação não está nos instrumentos, mas sim na postura pedagógica e, consequentemente, na prática da avaliação" (Luckesi, 2005, p. 4). Para o autor, o que se pratica nas instituições de ensino é uma "avaliação da culpa", pois a classificação dos alunos é baseada nas notas por eles obtidas.

Compara-se, desse modo, o desempenho do educando em determinada prova, e não com relação aos objetivos que o processo de ensino-aprendizagem deveria permitir ao aluno atingir. Nesse caso, avalia-se mais o que o aluno não sabe, mas não há uma preocupação com o que ele não aprendeu.

Como você pode observar, quando falamos em *currículo escolar*, não nos preocupamos apenas com os conteúdos a serem trabalhados pelos professores em suas salas de aula. O currículo está, portanto, muito além disso e envolve todos os elementos que aqui resumidamente apontamos.

Com base nos conceitos levantados, nos itens a seguir vamos entender o que distingue uma teoria do currículo tradicional de uma teoria crítica e de uma teoria pós-crítica.

2.2 O currículo sob o enfoque das teorias

A teoria tradicional nasceu dos princípios da administração científica, na década de 1920, nos Estados Unidos, tendo em vista o movimento da população em direção à escola na busca por formação. Silva (2010, p. 12) explicita que os responsáveis pela administração da educação à época buscavam "racionalizar o processo de construção, desenvolvimento e testagem de currículos", ou seja, tornar possível, ao sujeito que frequentava a escola, o uso do que estivesse explicitado no currículo.

Silva (2010, p. 12) ainda analisa que:

> As ideias desse grupo encontram sua máxima expressão no livro de Bobbitt, The curriculum (1918). Aqui, o currículo é visto como um processo de racionalização de resultados educacionais, cuidadosa e rigorosamente especificados e medidos. O modelo institucional dessa concepção de currículo é a fábrica. Sua inspiração "teórica" é a "administração científica", de Taylor. No modelo de currículo de Bobbitt, os estudantes devem ser processados como um produto fabril. No discurso curricular de Bobbitt, pois, o currículo é supostamente isso: a especificação precisa de objetivos, procedimentos e métodos para a obtenção de resultados que possam ser precisamente mensurados.

Considerando as palavras de Silva (2010), quando se propõe uma concepção sobre teorias do currículo, as definições não são empregadas para apreender um fiel e conclusivo conceito ao termo ou, ainda, para escolher qual mais se assemelha ao que, de fato, ele representa, mas sim para indicar que a conceituação de currículo depende, necessariamente, do modo como este é descrito em distintas teorias. Nesse contexto, um conceito não tem o poder de desvelar o que substancialmente é o currículo, apenas mostra como uma teoria considera o que ele é.

Ainda, para Silva (2010, p. 14), "a questão central que serve de pano de fundo para qualquer teoria do currículo é a de saber qual conhecimento deve ser ensinado". O autor também enfatiza que "a pergunta 'o que?' nunca está separada de uma outra importante pergunta: 'o que eles ou elas devem ser?' ou melhor, 'o que eles ou elas devem se tornar?'" (Silva, 2010, p. 15). Ou seja, a escolha de um conhecimento para compor um currículo é feita de acordo com o perfil de pessoa que se julga ideal ou desejável para a sociedade, em determinado tempo histórico. Então, não se trata somente de uma questão de escolha de conhecimento, mas, fundamentalmente, de uma questão de identidade que se deseja construir. É importante ressaltar que escolher ou privilegiar constitui-se em um exercício de poder e, nesse caso, o poder está nas mãos do docente.

As teorias sobre o currículo são convencionalmente classificadas em teoria tradicional, teoria crítica e teoria pós-crítica (Figura 2.2), as quais serão apresentadas nos itens a seguir, com base nos estudos de Silva (2010).

Figura 2.2 – Teorias sobre o currículo

Teoria tradicional	Teoria crítica	Teoria pós-crítica
Ensino	Ideologia	Identidade, alteridade, diferença
Aprendizagem	Reprodução cultural e social	Subjetividade
Avaliação	Poder	Significação e discurso
Metodologia	Classe social	Saber-poder
Didática	Capitalismo	Representação
Organização	Relações sociais de produção	Cultura
Planejamento	Conscientização	Gênero, raça, etnia, sexualidade
Eficiência	Emancipação e libertação	Multiculturalismo
Objetivos	Currículo oculto	
	Resistência	

Fonte: Elaborado com base em Silva, 2010, p. 17.

Cabe aqui ressaltar que, ainda que contenham diferentes elementos, aqueles que se referem à teoria tradicional não deixaram de existir na teoria crítica e, em maior ou menor grau, fazem-se também presentes na teoria pós-crítica.

Vamos, então, compreender como funcionam cada uma delas e os elementos que as compõem?

2.2.1 Teoria tradicional

Um dos princípios básicos da teoria tradicional sobre os currículos diz respeito à questão do caráter curricular ser ou não puramente neutro e de sua finalidade última em preparar, no decorrer dos anos de educação escolar sistematizada, o cidadão para atuar na sociedade como um trabalhador especializado.

O já citado professor e escritor norte-americano John Franklin Bobbitt (1876-1956) tornou-se o mais respeitável representante dessa teoria com sua obra, publicada em 1918, *The Curriculum* (Silva, 2010, p. 12). Os conceitos de Bobbitt foram consubstanciados em meados do século passado por outro estudioso norte-americano Ralph Tyler (1902-1994). No ano de 1949, Tyler difundiu suas ideias expondo que a escola deve constituir os seus objetivos, propor os processos para atingi-los e, por fim, avaliar os alunos como forma de averiguar se os objetivos antes estipulados foram alcançados.

No livro *Basic Principles of Curriculum and Instruction*, que dominou o campo do currículo, publicado em 1949, Tyler expôs alguns princípios especialmente pensados para o tema numa perspectiva tradicional. Kliebard, fundamentado em tal texto, propôs então quatro perguntas imprescindíveis quando pretendemos aliar currículo a objetivos educacionais:

> 1. Que objetivos educacionais deve a escola procurar atingir?
>
> 2. Que experiências educacionais podem ser oferecidas que possibilitem a consecução desses objetivos?
>
> 3. Como podem essas experiências educacionais ser organizadas de modo eficiente?
>
> 4. Como podemos determinar se esses objetivos estão sendo alcançados? (Kliebard, 2011, p. 24)

A determinação de um quadro de objetivos complementa a precisão em se definir a intencionalidade primordial do currículo, as suas tendências e o panorama final ou os produtos a serem alcançados. As ideias de Tyler influenciaram densamente os estudos que se ocupam do tema currículo.

Na década de 1930, John Dewey (1859-1952), filósofo e pedagogo norte-americano conhecido por suas contribuições na Escola Nova, criou, na universidade em que atuava, a primeira escola de aplicação, para poder testar seus métodos pedagógicos. Moreira (2001, p. 54) enfatiza que Dewey, em sua teoria curricular, declara "um compromisso tanto com o crescimento individual como com o progresso social", ressaltando que, para o filósofo, a instituição escolar era o lócus ideal para o aprendizado, dentre outras coisas, da democracia.

Dewey sugere um currículo direcionado às vivências dos alunos, porém, como na escola tradicional, com forte foco no conteúdo e no modo como ele deve ser sistematizado no currículo para que os professores, enquanto facilitadores do processo de ensino, possam dar acesso ao conhecimento.

Nas discussões acerca do currículo na teoria tradicional, não cabiam argumentações quanto aos objetivos da educação, pois estes eram atribuídos às habilidades que o aluno precisaria ter em sua vida adulta, principalmente considerando seu desempenho profissional. Ao especialista em currículo, cabia realizar uma investigação criteriosa sobre tais habilidades, desenvolvendo um currículo que estivesse voltado para o suprimento delas. Nesse período, começaram a surgir as primeiras discussões acerca de uma teoria crítica do currículo.

2.2.2 Teoria crítica

Por volta da década de 1960, a teoria tradicional começou a ser questionada, e o foco deixou de ser no modo como o currículo era feito para residir na compreensão do que o currículo efetivamente faz. Sob essa ótica, Silva (2010, p. 31) enfatiza que a instituição escolar

> atua ideologicamente através de seu currículo, seja de uma forma mais direta, através das matérias suscetíveis ao transporte de crenças explícitas sobre a desejabilidade das estruturas sociais existentes, como Estudos Sociais, História, Geografia, por exemplo; seja de uma forma mais indireta, através de disciplinas mais técnicas, como Ciência e Matemática.

Com isso, podemos depreender que, além de conter os conteúdos específicos a serem abordados nas disciplinas, os currículos precisam se voltar ao que está acontecendo na sociedade, às contemporaneidades, aos avanços científicos, às questões políticas e ideológicas.

Louis Althusser (1918-1990), filósofo francês, autor de *Ideologia e aparelhos ideológicos de Estado*, obra publicada em 1970, apresentou pela primeira vez uma conexão entre educação e ideologia, tornando tal conexão as bases para a teoria crítica do currículo. De acordo com suas convicções, a sociedade capitalista não conseguiria se manter se não houvessem instituições que reproduzissem seus componentes econômicos e ideológicos. Na obra indicada, Althusser (1970) ressalta que os aparelhos ideológicos do Estado são a religião, a mídia, a escola e a família.

Outros importantes nomes neste contexto são Pierre Bourdieu (1930-2002) e Jean-Claude Passeron (1930-), estudiosos franceses que, em sua obra *A reprodução: elementos para uma teoria do sistema de ensino*, também colocaram a escola como fiel reprodutora da estrutura social. De acordo com Lenildes Ribeiro da Silva Almeida (2005, p. 146), para Bourdieu e Passeron, a escola "é uma instituição fundamental na formação do ser social por trabalhar com a educação formal do indivíduo". A escola é, portanto, espaço de formação, mas também de sociabilização dos indivíduos que a frequentam.

Conforme a autora:

> Bourdieu e Passeron atribuem a função ideológica do sistema escolar à sua aparente autonomia em relação às estruturas objetivas. Essa autonomia confere ao sistema escolar uma certa neutralidade e outorga-lhe a função de inculcar nos seus agentes o arbitrário cultural de maneira inquestionável, o que o torna de fundamental importância e eficácia na manutenção e reprodução social. A dissimulação presente no sistema escolar não permite aos seus agentes a visão da sua dependência e instrumentalização em relação à estrutura objetiva. Sendo assim, ao contrário, a autonomia do sistema escolar esconde o fato de ser a escola um instrumento ideológico, que serve aos anseios da classe dominante, inculcando o arbitrário cultural de maneira legítima. (Almeida, L. R. da S., 2005, p. 145)

Desse modo, Bourdieu e Passeron avaliam que a escola se sobressai entre as instituições que conservam uma neutralidade ilusória com o apoio de agentes confiáveis, atendendo à classe dominante.

Henry Giroux (1943-) e Michael Apple (1942-) são outros importantes curriculistas americanos que colaboraram para os estudos da teoria crítica do currículo a partir dos anos de 1970, apontando novas formas de se pensar a temática.

Fundamentando-se nos princípios difundidos pelo filósofo italiano Antonio Gramsci, Giroux afirma que os docentes, em uma concepção tradicional, têm seu papel reduzido ao de "técnicos obedientes, executando os preceitos do programa curricular" (Giroux, 1997, p. 25), e que as instituições de ensino não passam de locais de instrução e de reprodução da cultura dominante.

> Parece-me que, longe de instilar propaganda nos estudantes, uma pedagogia crítica parte da noção de que o conhecimento e o poder devem estar sempre sujeitos a debate, ser responsabilizados e estar empenhados criticamente. Está no âmago da própria definição de pedagogia crítica a vontade colectiva de reformar as escolas e de desenvolver modos de prática pedagógica em que professores e alunos se tornem agentes críticos que questionem activamente e negociem a relação entre teoria e prática, entre a análise crítica e o senso comum e entre a aprendizagem e a transformação social. (Giroux, 2005, p. 135-136)

Mesmo considerando que o currículo tem a função de defender os interesses da classe que se encontra no poder, exercendo pressão sobre os "dominados", Giroux (1997, p. 163) não descarta a visão de que a escola, por meio da "pedagogia da possibilidade", tem por objetivo a transformação da sociedade, sendo um campo fértil de lutas e oportunidades, refletindo que os aspectos políticos suscitados no currículo favorecem a autonomia e a emancipação da instituição escolar.

O autor Michael Apple (2006, p. 103) apoia-se em algumas premissas para fundamentar sua reflexão sobre a missão da instituição escolar e o papel docente: "qual conhecimento é verdadeiro?"; "quem elege o conhecimento como verdadeiro?";

"por que se deseja o controle sobre o controle do conhecimento?", salientando que o currículo não é uma lista de conteúdos neutros que apresentam os conhecimentos que o aluno precisa saber ao sair da escola. Essa neutralidade aparente oculta poder e conflito, sendo o currículo o resultado dessas forças.

> A educação está intimamente ligada à política da cultura. O currículo nunca é apenas um conjunto neutro de conhecimentos, que de algum modo aparece nos textos e nas salas de aula de uma nação. Ele é sempre parte de uma tradição seletiva, resultado da seleção de alguém, da visão de algum grupo acerca do que seja conhecimento legítimo. É produto das tensões, conflitos e concessões culturais, políticas e econômicas que organizam e desorganizam um povo. (Apple, 2006, p. 59)

O ensino, assim, é marcado por valores culturais, políticos e econômicos que se fazem presentes na sociedade, e as instituições escolares preservam e são permeadas pelos interesses de uma classe dominante que se encontra no poder.

Segundo Paulo Freire (1921-1997), considerado no Brasil um dos maiores expoentes dentro da teoria crítica, a mera transmissão de conhecimento que se faz na escola transforma o aluno em expectador passivo (Freire, 1996). Em seus livros *Pedagogia do oprimido*, de 1974, e *Pedagogia da autonomia*, de 1996, Freire enfatiza que a escola, representada por seu professor, "deposita" um conhecimento nos alunos, atribuindo o termo *educação bancária* a essa prática.

> *Educação bancária* é uma expressão empregada por Paulo Freire (1996) para denominar o tipo de educação em que predomina a simples transmissão do conhecimento, que reduz o aluno a uma condição de mero expectador. É nteressante aprofundar os conhecimento a respeito dessa temática lendo as obras do autor, em especial, os livros *Pedagogia do oprimido* e *Pedagogia da autonomia*.

Freire incentivou reflexões sobre novas atribuições de professores e alunos, expondo a relevância de não apenas transmitir conhecimentos, mas também possibilitar a constituição de uma consciência política aos protagonistas implicados no processo de ensino-aprendizagem, por intermédio do diálogo, exaltando que:

> Toda leitura da palavra pressupõe uma leitura anterior do mundo, e toda leitura da palavra implica a volta sobre a leitura do mundo, de tal maneira que "ler mundo" e "ler palavra" se constituam um movimento em que não há ruptura, em que você vai e volta. E "ler mundo" e "ler palavra", no fundo, para mim, implicam "reescrever" o mundo. Reescrever com aspas, quer dizer, transformá-lo. A leitura da palavra deve ser inserida na compreensão da transformação do mundo, que provoca a leitura dele e deve remeter-nos, sempre, à leitura de novo do mundo. (Freire; Betto, 1985, p. 15)

Desse modo, o autor enaltece a consideração da leitura e da escrita como um modo de manifestação de cada indivíduo ao expressar suas ideias, pois é assim que a palavra pode passar de pensamento à efetiva comunicação. O exercício de ler e escrever, em sua concepção, vai muito além de desenhar traços em um papel e fazer uma leitura desses traços. Escrever é a possibilidade de "ser" no mundo, e ler significa poder compreender esse mundo em todos os seus aspectos.

Na teoria crítica, faz-se presente a concepção de currículo oculto (Figura 2.3), que tem por função expor as normas, os princípios e os valores tacitamente transmitidos na escola, enfatizando-se que isso não se explicita nos projetos de ensino, mas sistematicamente está presente no fazer pedagógico dos professores.

Figura 2.3 – *Insights* essenciais do currículo oculto

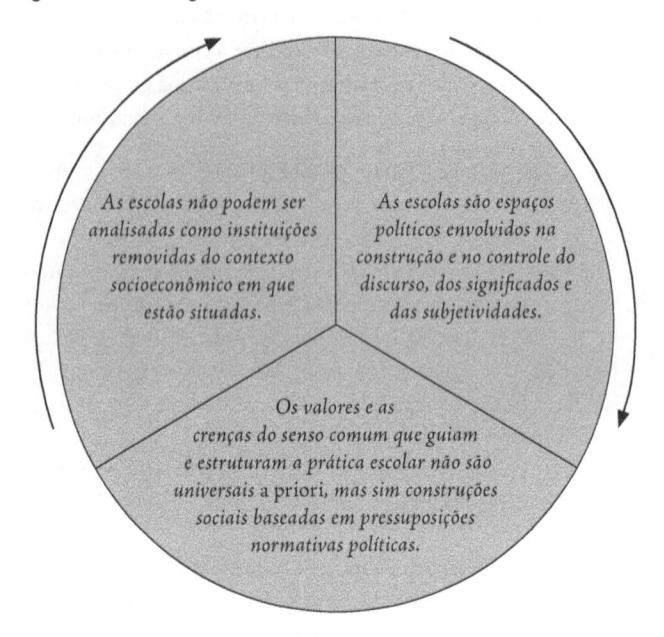

- As escolas não podem ser analisadas como instituições removidas do contexto socioeconômico em que estão situadas.
- As escolas são espaços políticos envolvidos na construção e no controle do discurso, dos significados e das subjetividades.
- Os valores e as crenças do senso comum que guiam e estruturam a prática escolar não são universais a priori, mas sim construções sociais baseadas em pressuposições normativas políticas.

Fonte: Elaborado com base em Giroux, 1986, p. 70.

Nessa perspectiva, você pode observar o modo como o currículo oculto acontece na escola: o que é expresso teoricamente em uma pedagogia idealizada e o que efetivamente é feito na prática e concebido pelos alunos.

2.2.3 Teoria pós-crítica

A teoria pós-crítica examina o currículo sob o ponto de vista do multiculturalismo e presume que nenhuma cultura é superior ou inferior a outra. Tal teoria se disseminou por meio de expressões culturais resultantes dos meios de comunicação de massa, que, de acordo com Silva (2010, p. 85), são "um dos mais poderosos instrumentos de homogeneização cultural". Porém, essa disseminação gera um paradoxo, pois "ao mesmo tempo que se tornam visíveis manifestações e expressões culturais de grupos dominados, observa-se o predomínio de formas culturais produzidas e veiculadas pelos meios de comunicação de massa, nas quais aparecem de forma destacada as produções culturais estadunidenses" (Silva, 2010, p. 85).

Ou seja, nessa concepção, rádio, TV, internet ou qualquer outra tecnologia que permita o acesso à informação nos levará muito mais à reprodução de algo que nem nos pertence do que à convergência para a produção de conhecimento e cultura alinhados à nossa realidade.

Na teoria pós-crítica, há todo um embasamento do contexto de pós-modernidade. Um dos autores que mais se dedicou a esse tema contemporaneamente foi Zygmunt Bauman (1925-2017), que atribuiu à pós-modernidade a expressão *modernidade líquida*. Em sua concepção, o autor enfatiza que

> o tipo de modernidade que era o alvo, mas também o quadro cognitivo, da teoria crítica clássica, numa análise retrospectiva, parece muito diferente daquele que enquadra a vida das gerações de hoje. Ela parece "pesada" (contra a "leve" modernidade contemporânea); melhor ainda, "sólida"(e não "fluída", "líquida" ou "liquefeita"); condensada (contra "difusa" ou "capilar"); e, finalmente "sistêmica" (por oposição a "em forma de rede"). (Bauman, 2001, p. 33)

Bauman avalia que um dos principais signos que representam a modernidade da teoria crítica, pesada, sólida, condensada e sistêmica, é a fábrica, que restringiu o trabalho do homem a atividades rotineiras e mecânicas, exigindo obediência e rapidez de movimentos e excluindo a criatividade ou reflexão humana do processo de produção fordista. "O principal objetivo da teoria crítica era a defesa da autonomia, da liberdade de escolha e da autoafirmação humanas, do direito de ser e permanecer diferente" (Bauman, 2001, p. 34).

A pós-modernidade carrega consigo o que Ilya Prigogine (1917-2003) chamou de *fim das certezas*, afirmando que a dúvida é salutar para o desenvolvimento humano e que aquilo que um dia foi caracterizado como absoluto pode ser questionado, averiguado e até negado (Prigogine, 1996). A teoria pós-crítica caracteriza a sociedade por sua leveza, liquidez, capilaridade e, para usar uma expressão cunhada por Castells, *sociedade em rede*, em que o contexto para a ruptura dos paradigmas se organiza em movimentos sociais, como o feminismo, movimentos ecológicos, bem como antipreconceitos raciais, enfim, de defesa dos direitos humanos, buscando exaltar a liberdade pessoal e a transformação social (Castells, 2006).

Para Castells (2004, p. 65) tais mudanças se relacionam profundamente com a revolução que se originou nas tecnologias digitais de informação e de comunicação, que agem recompondo as estruturas da sociedade por meio do conceito de informacionalismo, uma peculiaridade da "forma específica de organização social em que a geração, o processamento e a transmissão da informação tornam-se fontes fundamentais de produtividade e poder".

Desse conceito, nascem as expressões "sociedade informacional" e "economia informacional" (Castells, 2006, p. 32, 39), empregadas pelo autor para identificar, de modo ainda mais rigoroso, as transformações culturais, sociais, políticas e econômicas contemporâneas e também preconizar o papel da informação e, por consequência, do conhecimento em tal sociedade.

E quanto ao currículo, como ele é pensado na teoria pós-crítica? De acordo com Silva (2010, p. 90), "o multiculturalismo mostra que a gradiente da desigualdade em matéria de educação e currículo é função de outras dinâmicas, como as de gênero, raça, etnia e sexualidade, por exemplo, que não podem ser reduzidas à dinâmica de classe". Com isso, foi preciso tecer uma nova reflexão sobre o currículo que contemplasse a questão da diversidade.

Podemos inferir que a questão da diversidade relacionada ao currículo é contemporânea e profunda. É significativo considerarmos, ao refletirmos sobre currículo, que este deve atender ao educando em todos os seus aspectos – físico, psicológico, social e intelectual –, pois é ele a essência do fazer pedagógico na instituição escolar. Na prática, de acordo com Moreira (2001), apesar de terem surgido inúmeras propostas inovadoras, elas acabaram representando experiências particulares, predominando uma concepção tradicional de currículo. Moreira (2001, p. 28) elenca algumas questões sobre as quais o currículo precisa se debruçar:

- Como propiciar formação que considere o educando em suas múltiplas dimensões – intelectual, psicológica, física e moral?
- De que forma pensar o currículo de modo a preparar os alunos para enfrentarem, no seu cotidiano, as dificuldades locais de uma sociedade cada vez mais seletiva e excludente?
- Como lidar com a diversidade cultural, a discriminação e o preconceito de gênero, sexo, credo, etnia, entre outros, na escola, oportunizando uma formação educacional que possibilite desenvolver no aluno a sua autonomia intelectual, social e moral?
- Como desenvolver as competências profissionais ao se considerarem os processos pedagógicos, por meio dos princípios dialéticos da reflexão-ação, do aprender-fazendo e do esforço contínuo de enfrentamento e resolução dos problemas da escola, com flexibilidade e aprofundamento, de acordo com a sua realidade sociocultural, econômica, política e educacional?

Vale ressaltar que o multiculturalismo está atrelado às relações de poder, que, de certo modo, forçam a convivência de distintas culturas em um mesmo espaço, pois o que atrai a migração para países ricos está enfaticamente relacionado à falta de condições de sobrevivência em países subdesenvolvidos. Numa visão mais pragmática, quando fazemos uma análise sobre a forma como o racismo é tratado no mundo, é importante salientar que de modo algum se trata de uma questão que pode ficar apenas na esfera das discussões políticas de uma nação. É preciso examinar as estruturas sociais e econômicas e incluir o enfrentamento da discriminação na escola, no trabalho, na saúde, além de considerar as inúmeras contribuições advindas de outras culturas para a caracterização da sociedade tal qual atualmente é composta.

Outro ponto em discussão no currículo pós-crítico se relaciona às questões de gênero e à pedagogia feminista. Silva (2010, p. 91) explicita que "na crítica do currículo, a utilização do conceito de gênero segue uma trajetória semelhante à da utilização do conceito de classe". Ou seja, não se pode ignorar que, inicialmente, as mulheres mal tinham acesso à escolarização e, quando tinham, havia um currículo para os rapazes e outro para elas, tendo em vista que os primeiros precisavam estar preparados para atuar como especialistas em alguma profissão, ao passo que elas tinham que se preparar para serem boas donas de casa e mães. Em uma pedagogia feminista, importa a construção de um ambiente de aprendizagem que favoreça o trabalho cooperativo em oposição ao espírito competitivo predominante no currículo tradicional.

A função educativa da escola busca garantir a abordagem multicultural e interdisciplinar dos conteúdos, a avaliação do trabalho pedagógico e institucional da escola e a elaboração coletiva do projeto político-pedagógico (PPP). Por isso, torna-se de caráter imprescindível, para a manutenção da função social da escola, a percepção sobre as demandas da comunidade envolvendo as pessoas no processo de gestão, independente de cor, raça, sexo ou classe. Além disso, é preciso dar condições para que o docente, considerando a teoria pós-crítica, atue como articulador no âmbito da organização do trabalho pedagógico.

Agora que você já conhece as três teorias que deram embasamento ao que hoje concebemos como *currículo*, a partir de agora vamos compreender o que é o currículo nacional, quais são as suas implicações no processo de ensino-aprendizagem e no que ele difere de um currículo internacional.

Síntese

Neste capítulo, você teve a oportunidade de compreender as concepções curriculares, percebendo que o currículo pode ser analisado sob diversas perspectivas – por exemplo, sob a ótica da função social, que se transforma no elo entre a sociedade e a escola. Discutimos, ainda, que ele pode ser interpretado como um campo prático, como um plano educativo baseado nas experiências e, também, como fruto dos resultados do que se efetivou ao longo dos anos em que o indivíduo foi escolarizado.

Além disso, analisamos as teorias curriculares e descrevemos que, embora elas venham sendo estudadas desde muito tempo atrás, as discussões que permeiam esse estudo abarcam muitas controvérsias, pois dependem da maneira como os estudiosos criam e interpretam a realidade, razão pela qual podemos classificá-las como *teoria tradicional, teoria crítica* e *teoria pós-crítica*.

Sob essa ótica, aprendemos que a teoria tradicional tem por intuito preservar o *status quo* vigente na sociedade e apresenta como principais expoentes John Franklin Bobbitt, Ralph Tyler e John Dewey. Essa teoria está batante presente em nossa sociedade, pois muitos de seus elementos são importantes na composição de nossos currículos.

Já a teoria crítica preocupou-se em compreender as implicações do currículo, tendo como palavras-chave a *emancipação* e a *libertação*. Seus principais representantes são Louis Althusser, Pierre Bourdieu, Jean-Claude Passeron, Henry Giroux, Michael Apple e Michael Young. Dentre os brasileiros, não podemos esquecer do mestre Paulo Freire. A teoria crítica em muito influenciou o nosso fazer diário na escola.

Discutimos, ainda, sobre a teoria pós-crítica, a qual têm por intuito possibilitar a ampliação do espaço político e social dentro e fora da escola, considerando as questões étnico-raciais, de sexo e de classe social.

Por fim, sintetizamos as questões principais que, independente da concepção curricular adotada, devem pautar a elaboração dos currículos: qual conteúdo deve ser ensinado; o que os alunos devem saber; qual conhecimento deve ser parte integrante do currículo.

Atividades de autoavaliação

1. Moreira e Candau (2007) consideram que o termo *currículo* se associa a distintas concepções oriundas do modo como historicamente a educação foi pensada e estruturada e das interferências por ela sofridas, levando a um entendimento de currículo que se refere a um conjunto de elementos que se inter-relacionam e se potencializam mutuamente e que têm por finalidade última garantir que o aluno tenha condições de construir conhecimentos ao final de todo o processo de escolarização. Entre esses elementos, encontram-se:
   a) conteúdos, recursos e planejamento.
   b) avaliação, adequação e merecimento.
   c) estratégias, metodologia e investimento.
   d) objetivos, conhecimento e colaboração.

2. Considerando as palavras de Silva (2010), as definições para o conceito de currículo:
   a) são empregadas para apreender um fiel e conclusivo conceito ao termo.
   b) são empregadas para escolher qual mais se assemelha ao que é o currículo.
   c) são empregadas para apontar que a delimitação do que o currículo é depende do modo como ele é descrito em distintas teorias.
   d) não têm o poder de mostrar como uma teoria considera o que o currículo é.

3. De acordo com as teorias relacionadas ao currículo, são elementos apenas da teoria pós-crítica:
   a) Ensino, ideologia e representação.
   b) Subjetividade, cultura e saber-poder.
   c) Multiculturalismo, eficiência e resistência.
   d) Avaliação, capitalismo e poder.

4. De acordo com os princípios básicos da teoria tradicional sobre os currículos, assinale (V) para as asserções verdadeiras e (F) para as falsas.

( ) O currículo tem caráter puramente neutro.

( ) O currículo tem a finalidade de preparar um cidadão para atuar na sociedade como um trabalhador especializado.

( ) O currículo não deve ser direcionado às vivências dos alunos

Agora, assinale a alternativa que apresenta a sequência correta:

a) V, F, V.
b) F, V, V.
c) V, V, V.
d) V, V, F.

5. Sobre o currículo na fase da teoria crítica, assinale (V) para as asserções verdadeiras e (F) para as falsas.

( ) O currículo deve conter apenas os conteúdos específicos a serem abordados nas disciplinas.

( ) O currículo precisa se voltar para o que está acontecendo na sociedade.

( ) O currículo passa a ter base na conexão entre educação e ideologia.

( ) O currículo oculto tem por função expor as normas, os princípios e os valores tacitamente transmitidos na escola.

Agora, assinale a alternativa que apresenta a sequência correta:
a) F, V, V, V.
b) V, V, F, F.
c) F, V, V, F.
d) V, F, V, F.

Atividades de aprendizagem

Questões para reflexão

1. A teoria pós-crítica examina o currículo sob o ponto de vista do multiculturalismo e presume que nenhuma cultura é superior ou inferior a outra. Nas palavras de Silva (2010, p. 85):

> O multiculturalismo, tal como a cultura contemporânea, é fundamentalmente ambíguo. Por um lado, o multiculturalismo é um movimento legítimo de reivindicação dos grupos culturais dominados. [...] O multiculturalismo pode ser visto, entretanto, também como uma solução para os problemas que a presença de grupos raciais e étnicos coloca para a cultura nacional dominante.

Após a leitura, reflita sobre o fragmento citado considerando os conhecimentos adquiridos ao longo do capítulo.

Moreira e Candau (2007, p. 17) consideram que o termo *currículo* se associa a distintas concepções oriundas do modo como historicamente a educação foi pensada e estruturada e das interferências por ela sofridas, tendo em vista aspectos políticos, sociais, econômicos e culturais. Conforme o pensamento dos autores, reflita sobre algumas das relações travadas pelo currículo no interior das instituições educacionais.

Atividades aplicadas: prática

1. Elabore um fichamento que estabeleça semelhanças e diferenças entre as teorias tradicional, crítica e pós-crítica.

2. Escolha um autor que contribuiu para a teoria curricular e redija um parágrafo que sintetize suas ideias.

3. Elabore um plano de aula a respeito de alguma das teorias estudadas neste capítulo explicitando:
    + os conteúdos a serem trabalhados na aula;
    + as experiências de aprendizagem praticadas pelos alunos;

- os objetivos que se busca conquistar;
- os recursos que serão utilizados;
- a estratégia a ser empregada;
- como será realizada a avaliação do conteúdo trabalhado.

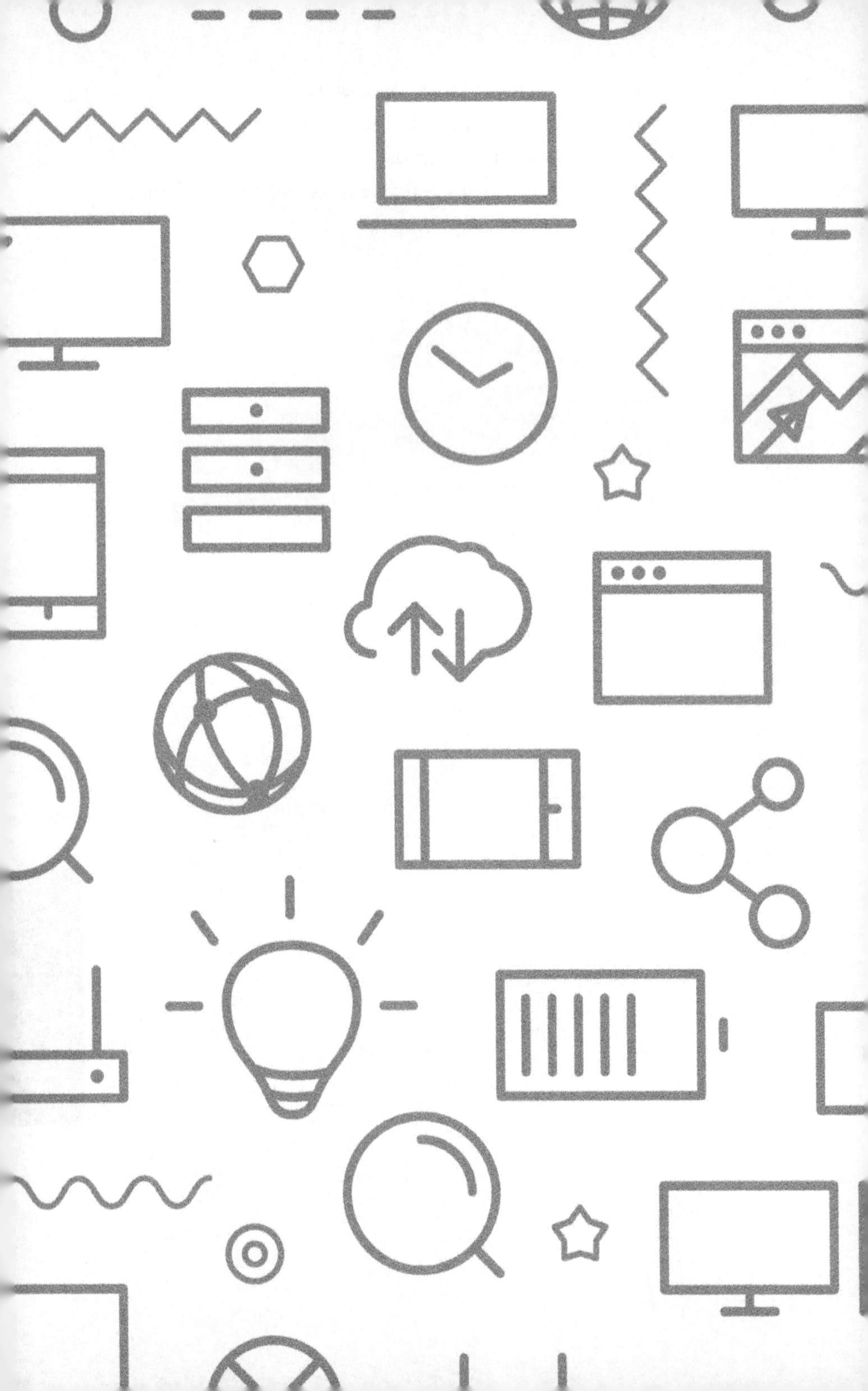

3 Modelos de currículo: internacional e nacional

Neste capitulo, discutiremos sobre os modelos de currículo internacional de alguns países e, no aspecto nacional, conheceremos a Base Nacional Comum Curricular (BNCC). Ao término da leitura, esperamos que você seja capaz de compreender os currículos internacional e nacional em suas dimensões, bem como de apreender a relação que o currículo estabelece com o processo de ensino-aprendizagem.

Assim, que tal refletirmos um pouco acerca de qual conhecimento deve ser considerado verdadeiro, com vistas a ser produzido, reproduzido e/ou ensinado? Qual saber ou conhecimento deve ser considerado importante e/ou essencial? Qual tipo de sujeito se pretende formar a partir do currículo utilizado? Como responder a tais questionamentos?

As respostas a essas perguntas encontraremos nos modelos de currículos internacional e nacional expostos a seguir. Então, vamos adiante!

3.1 Os currículos internacionais

Antes de apresentarmos alguns modelos de currículo internacional, consideramos importante contextualizar brevemente o assunto. Vamos lá!

Atualmente, muito se tem falado em *globalização*, a qual interfere nas relações sociais, políticas, econômicas e tecnológicas e determina o modo de vida da sociedade. As instituições escolares, por sua vez, inseridas nesse contexto, têm sido fortemente influenciadas pelas transformações globais em todos os seus aspectos, que abrangem a gestão escolar, as práticas pedagógicas, os processos avaliativos e, também, as formulações do currículo, pois a escola é "reconhecida, como nunca havia sido, como umas das principais instituições envolvidas de uma cultura mundial" (Garcia; Moreira, 2006, p. 267).

Ciavatta e Ramos (2012) acrescentam que escola e currículo devem caminhar juntos com as transformações da sociedade contemporânea. Os autores também citam que um dos legados introduzidos pelas políticas internacionais à educação brasileira é o modelo para a formação de competências, conhecimentos, habilidades, atitudes, emoções e valores.

Nessa seara, de acordo com Dale (2008, p. 17):

> O currículo escolar não é visto como a "escolha instrumental de sociedades específicas para atender às várias demandas locais", mas como "uma ratificação ritual de normas e convenções educacionais mundiais". A definição do que é conhecimento legítimo a ser ensinado nas escolas, e a seleção e organização hierárquica de tais corpos do conhecimento são, portanto, grosso modo, determinações que vêm de fora.

Um exemplo é a interferência, na década de 1970, do Banco Mundial (BM) na educação. Com relação a esse órgão, Fonseca (1998, p. 40) aponta que:

> Embora, no Brasil, os financiamentos do Banco para a educação primária (entendida como as quatro primeiras séries do ensino fundamental) só tenham sido desenvolvidos nos anos 80, os estudos conjuntos entre o Ministério da Educação e o BIRD iniciaram-se na metade da década de 70. Até então, os projetos financiados ao Ministério seguiam a linha desenvolvimentista mais tradicional. O primeiro empréstimo foi concebido no final de 60 na linha do ensino vocacional, considerado como fator direto para o crescimento industrial intensivo. O projeto foi executado, no período de 1971 a 1978, sob a inspiração direta desse enfoque, para assegurar a melhoria e a expansão do ensino técnico de 2º grau, industrial e agrícola.

A certeza que temos é de que o BM interferiu significativamente nas políticas educacionais e, em consequência, na construção dos currículos adotados pelas escolas brasileiras. Esse modelo internacionalizado, nas décadas seguintes, recebeu críticas por parte dos educadores brasileiros (Ciavatta; Ramos, 2012).

Muniz e Arruda (2007, p. 264), alertam que o Banco Mundial

> não age isoladamente no intento de alcançar suas metas, conta com a colaboração de outros organismos internacionais, como: os Bancos Multilaterais de Desenvolvimento, o Fundo Monetário Internacional (FMI); Organização Mundial do Comércio (OMC); e a Organização para Cooperação e Desenvolvimento Econômico (OCDE).

A Unesco (sigla para Organização das Nações Unidas para a Educação, a Ciência e a Cultura) é também um organismo internacional que regulamenta regras e políticas internacionais para a educação. Como exemplo, em 2016, a Unesco lançou a versão em língua portuguesa do *Glossário de terminologia curricular* (Unesco, 2016). Essa obra traz uma lista de termos técnicos relacionados às áreas da educação básica e superior, apresenta significados e definições, além de contar com uma tabela de correspondência dos termos em português e inglês[1].

Pois bem, uma das grandes influências das políticas internacionais na abrangência curricular foi nas avaliações em larga escala.

Essas avaliações chegaram às escolas brasileiras sem adaptação, ou seja, foram elaboradas para o ensino ministrado nos países considerados de primeiro mundo e importadas para nações emergentes. Nesse sentido, a avaliação não contempla, na maioria das vezes, questões como a realidade de cada escola, a comunidade em que está inserida e os sujeitos que a frequentam, entre outras.

---

1 O *Glossário de terminologia curricular* pode ser acessado pelo seguinte *link*: <http://unesdoc.unesco.org/images/0022/002230/223059por.pdf>. Acesso em: 21 nov. 2018.

Sob essa ótica, de acordo com Bordin (2015, p. 89):

> O primeiro fato que gera preocupação na adoção das avaliações para países em desenvolvimento, é que estes não possuem a estrutura e investimentos adequados. Outra situação relevante é a dúvida que se deve ao fato da realidade, ou falta desta, nos resultados dos sistemas de ensino. Isso porque as avaliações não demonstram a realidade das escolas, uma vez que não levam em consideração a infra-estrutura, a capacitação dos docentes e os investimentos escolares.

Assim, percebemos a importância de pensar esse currículo de forma reflexiva, visto que somente pelas avaliações em longa escala não é possível obter resultados conclusivos.

No Brasil, as avaliações curriculares ficam sob a responsabilidade do Sistema Nacional de Avaliação da Educação Básica (Saeb), que em 2005 foi reestruturado e passou a ser composto por três avaliações externas em longa escala (Figura 3.1).

Figura 3.1 – Estruturação do Saeb

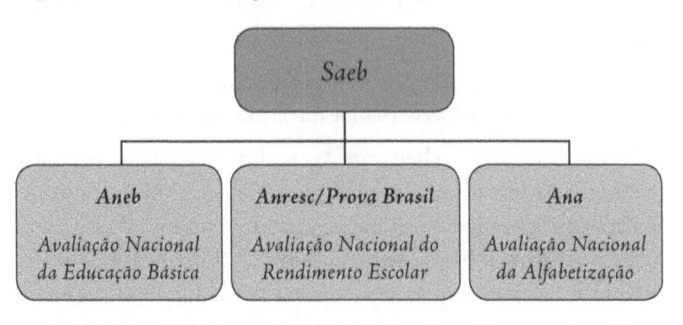

```
                    Saeb
         ┌───────────┼───────────┐
       Aneb    Anresc/Prova Brasil   Ana
   Avaliação Nacional  Avaliação Nacional do  Avaliação Nacional
   da Educação Básica  Rendimento Escolar     da Alfabetização
```

Fonte: Paraná, 2018, p. 1.

O Saeb tem o objetivo de avaliar a qualidade do ensino ofertada para as crianças matriculadas na 4º e 8º séries do ensino fundamental e no 3º ano do ensino médio.

A título de ilustração, no Quadro 3.1, a seguir, visualizamos o histórico do Saeb, em que são apresentados os anos e as mudanças ocorridas durante o período entre 1990 e 2015 nos seguintes quesitos: público-alvo, abrangência, formulação dos itens, áreas do conhecimento e/ou disciplinas avaliadas.

Quadro 3.1 – Histórico do Saeb

ANO	PÚBLICO-ALVO	ABRANGÊNCIA	FORMULAÇÃO DOS ITENS	ÁREAS DO CONHECIMENTO/ DISCIPLINAS AVALIADAS
1990 1993 1995	1ª, 3ª, 5ª e 7ª séries do EF	Escolas públicas Amostral	Currículos de sistemas estaduais	Língua Portuguesa, Matemática, Ciências Naturais, Redação
1997	4ª e 8ª séries do EF 3ª série do EM	Escolas públicas + Escolas particulares Amostral	Matrizes de Referência – Avalia competências/Define descritores (conteúdo curriculares + operações mentais)	Língua Portuguesa, Matemática, Ciências Naturais, Física, Química e Biologia
1999	4ª e 8ª séries do EF 3ª série do EM	Escolas públicas + Escolas particulares Amostral	Matrizes de Referência – Avalia competências/ Define descritores (conteúdo curriculares + operações mentais)	Língua Portuguesa, Matemática, Ciências Naturais, Física, Química e Biologia História e Geografia
2001 2003	4ª e 8ª séries do EF 3ª série do EM	Escolas públicas + Escolas particulares Amostral	Matrizes de Referência – Avalia competências/ Define descritores (conteúdo curriculares + operações mentais)	Língua Portuguesa, Matemática
2005 2007 2009 2011	4ª e 8ª séries do EF 3ª série do EM	Escolas públicas + Escolas particulares Amostral + Estratos Censitários Ideb	Matrizes de Referência – Avalia competências/ Define descritores (conteúdo curriculares + operações mentais)	Língua Portuguesa, Matemática
2013 2015	5º e 9º ano do EF 3ª série do EM	Escolas públicas + Escolas particulares Amostral + Estratos Censitários Ideb	Matrizes de Referência – Avalia competências/ Define descritores (conteúdo curriculares + operações mentais)	Língua Portuguesa, Matemática

Fonte: Elaborado com base em Brasil, 2018b.

Em relação ao currícuo internacional, é importante destacar a internacionalização do currículo, que, por sua vez, foi acompanhada da idealização de uma cultura homogeneizada capaz de fomentar choques transnacionais para a educação pública que se adaptem e expandam as ideais nacionais para objetivos educacionais internacionais (Gough, 2004). O conceito de **transnacional**, nesse contexto, pode ser entendido como relativo a atividades ou políticas comuns a varias nações.

Em 2001, foi constituída a *International Association for the Advancement of Curriculum Studies* (IAACS) (sigla em inglês para Associação Internacional para o Avanço de Estudos Curriculares). O objetivo dessa instituição é apoiar um campo global de estudos curriculares, oferecendo apoio para o diálogo acadêmico, dentro e fora de fronteiras nacionais, sobre conteúdo, contexto e processo na educação, tendo o currículo como seu mote central.

Desde abril de 2001, já foram realizados encontros trienais, organizados na China, em 2003, na Finlândia, em 2006, na África do Sul, em 2009, e no Brasil, em 2012. Esses encontros com pesquisadores de várias nacionalidades discutem a promoção do processo de internacionalização dos estudos de currículo.

No *site* da associação, em seu preâmbulo, destaca-se que o objetivo é dar apoio aos estudos do campo curricular mundial, mas não de forma uniforme. O texto do preâmbulo menciona, ainda, que a organização não objetiva a padronização e a uniformidade ameaçadas pela globalização, mas sim um diálogo e suporte para discussões em torno da temática curricular para além de fronteiras nacionais (IAACS, 2018).

Além da IAACS, houve a criação dos Colóquios Luso-Brasileiros de Questões Curriculares, que fomentam a discussão em torno da internacionalização curricular. Além disso, alguns pesquisadores brasileiros vêm estudando a internacionalização na educação – dentre eles, Antonio Carlos Moreira.

Para Moreira (2012, p. 220), a internacionalização do currículo está embasada nos seguintes pontos:

> (a) se aplica a práticas sociais que não visam à homogeneização do campo; (b) não se limita ao simples movimento de teorias e práticas de um país para outro; (c) se desenvolve no longo prazo e implica uma disposição para ensinar e aprender com outras nações; (d) provoca mudanças no pensamento e nas atitudes dos indivíduos, no esforço por configurar um território comum; (e) apresenta dimensões sociais, culturais, morais, éticas e políticas que transcendem o estreito foco econômico e estabelecem uma sinergia com outras agendas; (f) não se expressa apenas por meio de intenções democráticas e neutras: relações de poder estão necessariamente envolvidas e devem ser avaliadas quando se considerarem as questões curriculares; (g) tanto pode corresponder a tentativas de promovê-la junto a instituições ou indivíduos, quanto à intenção de analisar seus efeitos nas teorias, práticas e políticas educacionais.

Nesse sentido, é possível perceber que a internacionalização curricular vai além da junção de diversas culturas. Ela envolve, também, que se pense a prática de forma unificada, bem como que se considerem trocas referentes a como ensinar e aprender, além de mudanças de pensamentos e das relações de poder.

Na sequência, apresentaremos alguns modelos de currículos internacionais adotados por algumas escolas brasileiras que acabaram os aderindo juntamente com o currículo nacional. Ambos os currículos (internacionais e nacional) apresentam boas relações para se trabalhar na escola.

3.1.1 Origem britânica

O *International Primary Curriculum* (IPC) é um currículo britânico presente em mais de 90 países e 1.800 escolas. É interdisciplinar e enfatiza habilidades pessoais e acadêmicas, além de apresentar uma perspectiva internacional.

No IPC, as aulas são organizadas em blocos de oito a dez semanas – as chamadas *unidades* – e estruturadas dentro de uma temática comum. O tema é pensado de forma a ser estimulante para os alunos, melhorando a experiência de aprendizado.

Essa metodologia possibilita uma maior autonomia do professor em articular os diferentes campos do saber, adotando as melhores práticas ao longo do curso. Uma extensa comunidade de professores ao redor do mundo ativamente compartilha materiais e recursos relacionados ao IPC – como *links*, vídeos e planos de aula, promovendo um aprimoramento contínuo do currículo (Fieldwork Education, 2018).

3.1.2 Origem suíça

O *International Baccalaureate* (IB) "é uma fundação com sede em Genebra, na Suíça, que oferece quatro programas educacionais: Anos Primários (3-12 anos), Ensino Médio (11-16 anos), Carreiras (16-19 anos) e o mais famosos de todos, o Programa de Diploma (16-19 anos)" (Benielli, 2018).

Esses programas educacionais são ofertados para uma comunidade mundial de escolas, visando formar cidadãos do mundo, por meio de um programa que estimula o pensamento crítico, em salas de aula com diversidade étnica e cultural.

O currículo ministrado pode variar de acordo com a escola. Mas, na maioria delas, ele envolve o ensino: da língua nativa (em nosso caso, o português); de uma segunda língua (como inglês, espanhol ou francês); de ciências naturais (Biologia); de ciências sociais (Geografia); bem como de Matemática e Filosofia ou Artes.

De acordo com a Red House International School (2017):

> O objetivo do currículo IB é desenvolver alunos com mentalidade internacional onde aprendem a trabalhar competências e habilidades suficientes para serem críticos e comunicativos com sua época. Além disso, o programa aumenta o entendimento de línguas e culturas e explora ideias e assuntos mundialmente importantes dentro de contextos globais.

É mister salientar que esse tipo de currículo é adotado por várias escolas em todo o território nacional.

3.1.3 Origem australiana

Na Austrália, a construção do currículo até 2008 se dava de modo descentralizado, ou seja, cabia a cada Estado definir suas políticas educacionais. Nesse período, o Conselho Ministerial de Educação, Emprego, Treinamento e Assuntos da Juventude da Austrália, preocupado com as divergências que ocorriam em termos de conteúdos curriculares e entendendo "que todas as crianças, independente da região em que vivessem, deveriam ter acesso aos mesmos conteúdos escolares", atribuiu a Australian Curriculum, Assessment & Reporting Authority (Acara) a responsabilidade para que em um período de dez anos se construísse um currículo nacional (Centro de Referências em Educação Integral, 2014).

No prazo de dois anos, a Acara elaborou as propostas curriculares para os ensinos fundamental e médio das seguintes disciplinas: Matemática, Inglês, História e Ciências.

Segundo o Centro de Referências em Educação Integral (2014):

> a construção do currículo considerou oito áreas do conhecimento, incorporando as mais tradicionais e aquelas entendidas como fundamentais para o desenvolvimento para além do contexto escolar. Foram consideradas demandas de outros setores, como o profissional e o ensino superior, para que o percurso aconteça mais próximo da realidade e do projeto de vida dos estudantes.

A proposta também aproximou os conteúdos das competências por meio de uma proposta de interação. Ao todo, são consideradas as habilidades de letramento, conhecimento dos números, habilidades de TICs, pensamento crítico e criativo, habilidades pessoais e sociais e compreensão intercultural e ética.

No referido currículo, são propostos três temas transversais, a fim de que possam ser discutidos assuntos contemporâneos que permeiam a sociedade.

Os exemplos aqui expostos são modelos de currículos internacionais que podem ser encontrados em escolas particulares do Brasil. É possível, a partir deles, verificar o quanto o currículo nacional sofre influências externas. Agora, que tal conhecermos o currículo nacional? Vamos adiante!

3.2 O currículo nacional

Quando falamos de *currículo nacional*, é importante estabelecer uma relação com a legislação: a Lei de Diretrizes e Bases da Educação Nacional (LDB) n. 9.394, de 20 de dezembro de 1996 (Brasil, 1996), e também o Plano Nacional de Educação (PNE), estabelecido pela Lei n. 13.005, de 25 de junho de 2014 (Brasil, 2014), os quais estipulam que o governo federal deve definir os conteúdos a serem ensinados na educação básica. Essa legislação engloba as escolas públicas e privadas.

Até pouco tempo, tanto o Estado quanto os municípios eram responsáveis pela construção do currículo que seria usado nas escolas públicas. Por outro lado, na rede privada, cada escola determinava os encaminhamentos de aprendizagem tendo como base os livros didáticos e materiais apostilados. Essa produção, muitas vezes, era individualizada ou oriunda de um sistema de ensino próprio para a organização dos conteúdos.

Portanto, nessa lógica, há variados tipos ou modelos de currículos dispersos pelo país. Em geral, esses programas de estudo se apoiam em livros didáticos e materiais apostilados, o que nos faz pensar, por exemplo, que nada garante que uma escola da Região Norte ministre certo conteúdo para determinada turma da mesma forma que uma escola da Região Sul ministraria.

Assim sendo, a definição de quais conteúdos ensinar e o que se deseja que o aluno saiba ao final de cada disciplina é influenciada por diferentes referenciais, pois, como esclarece Veiga-Neto (2009, p. 32):

> O currículo é um artefato escolar que, além de tratar do que e do como ensinar e aprender – isso é, além de tratar de conteúdos e de modos de ensinar e aprender –, funciona como um dispositivo que nos ensina determinadas maneiras de perceber, significar e usar o espaço. Além disso, o currículo nos ensina a articularmos o espaço com o tempo. Pode-se dizer, então, que o currículo é também, uma máquina de espacialização e de temporalização.

Nesse sentido, o currículo é uma forma de caminhar dentro da escola, o percurso a ser seguido, considerando os quesitos *tempo, organização* e *planejamento*, o que envolve pensar onde estávamos e para onde vamos. É importante destacar que o currículo por si só não faz sentido; é necessário que esteja atrelado à cultura e às vivências escolares. Por isso, ele deve partir da realidade do aluno para que faça sentido, promovendo, assim, uma aprendizagem significativa.

Imagine o seguinte: Quando você aprende algo que parte do que você conhece e vivencia, a aprendizagem não se dá de forma prazerosa?

Entender mais sobre o currículo nacional exige um conhecimento para além da LDB n. 9.394/1996, mesmo porque há outros documentos elaborados para nortear o trabalho com o currícuo na escola. Dentre eles, citamos os Parâmetros Curriculares Nacionais (PCNs), editados em 1997, que visam ser uma referência para a elaboração dos currículos escolares, além de subsidiar na elaboração das propostas curriculares municipais e estaduais.

Segundo consta nos PCNs, seu principal objetivo é: "compreender a cidadania como participação social e política, assim como exercício de direitos e deveres políticos, civis e sociais, adotando no dia-a-dia, atitudes de solidariedade, cooperação e repúdio às injustiças sociais, respeitando o outro e exigindo para si o mesmo respeito" (Brasil, 1997, p. 69).

Os PCNs foram divididos em segmentos: os referentes ao ensino fundamental para o I e II ciclos foram editados em 1997; os relativos ao ensino fundamental para o III e IV ciclos, em 1998; os do ensino médio (Parâmetros Curriculares Nacionais para o Ensino Médio – PCNEM), em 1999.

Outro documento importante foi as Diretrizes Curriculares Nacionais para a Educação Básica (DCNs), instituídas em 2013, as quais tiveram por intuito estabelecer as normas e orientações para a construção dos planejamentos curriculares das escolas e dos sistemas de ensino.

De acordo com o Ministério da Educação,

> as Diretrizes Curriculares Nacionais Gerais para a Educação Básica visam estabelecer bases comuns nacionais para a Educação Infantil, o Ensino Fundamental e o Ensino Médio, bem como para as modalidades com que podem se apresentar, a partir das quais os sistemas federal, estaduais, distrital e municipais, por suas competências próprias e complementares, formularão as suas orientações assegurando a integração curricular das três etapas sequentes desse nível da escolarização, essencialmente para compor um todo orgânico. (Brasil, 2013, p. 8)

É importante salientar que esses documentos sofreram alterações, especialmente advindas do PNE instituído pela Lei n. 13.005/2014, o qual

> determina diretrizes, metas e estratégias para a política educacional dos próximos dez anos. O primeiro grupo são metas estruturantes para a garantia do direito a educação básica com qualidade, e que assim promovam a garantia do acesso à universalização do ensino obrigatório e a ampliação das oportunidades educacionais. Um segundo grupo de metas diz respeito especificamente à redução das desigualdades e à valorização da diversidade, caminhos imprescindíveis para a equidade. O terceiro bloco de metas trata da valorização dos profissionais da educação, considerada estratégica para que as metas anteriores sejam atingidas, e o quarto grupo de metas refere-se ao ensino superior. (Undimeal, 2016)

Nas metas 2, 3, 7 e 15, o PNE aponta para a necessidade de criar uma base nacional comum para os novos currículos escolares que estipule os conhecimentos para os alunos desenvolverem ao longo de sua escolarização básica. A criação da BNCC está estimulada na meta 7:

> Meta 7: fomentar a qualidade da educação básica em todas as etapas e modalidades, com melhoria do fluxo escolar e da aprendizagem de modo a atingir as seguintes médias nacionais para o Ideb:

IDEB	2015	2017	2019	2021
Anos iniciais do ensino fundamental	5,2	5,5	5,7	6,0
Anos finais do ensino fundamental	4,7	5,0	5,2	5,5
Ensino médio	4,3	4,7	5,0	5,2

Estratégias:

7.1) estabelecer e implantar, mediante pactuação interfederativa, diretrizes pedagógicas para a educação básica e a base nacional comum dos currículos, com direitos e objetivos de aprendizagem e desenvolvimento dos (as) alunos (as) para cada ano do ensino fundamental e médio, respeitada a diversidade regional, estadual e local; [...]. (Brasil, 2014)

Portanto, a meta 7 do PNE tem por intuito promover a qualidade da educação básica, do fluxo escolar e da aprendizagem, especialmente na intenção de elevar o Índice da Educação Básica (Ideb), criado em 2007.

Ideb é o Índice de Desenvolvimento da Educação Básica, criado em 2007, pelo Instituto Nacional de Estudos e Pesquisas Educacionais Anísio Teixeira (Inep), formulado para medir a qualidade do aprendizado nacional e estabelecer metas para a melhoria do ensino.

O Ideb funciona como um indicador nacional que possibilita o monitoramento da qualidade da Educação pela população por meio de dados concretos, com o qual a sociedade pode se mobilizar em busca de melhorias. Para tanto, o Ideb é calculado a partir de dois componentes: a taxa de rendimento escolar (aprovação) e as médias de desempenho nos exames aplicados pelo Inep. Os índices de aprovação são obtidos a partir do Censo Escolar, realizado anualmente. (Brasil, 2018a)

Vamos conhecer, agora, em que consiste a BNCC. A BNCC delimita o que é essencial ou comum e que, por sua vez, deve constar em todos os currículos. Esse documento foi aprovado no dia 15 de dezembro e homologado pelo Ministro da Educação no dia 20 de dezembro de 2017. Ou seja, trata-se de um documento elaborado para encaminhar o currículo da educação básica. A BNCC está prevista na LDB n. 9.394/1996 e também no PNE de 2014.

> A Base Nacional Comum Curricular (BNCC) é um documento de caráter normativo que define o conjunto orgânico e progressivo de **aprendizagens essenciais** que todos os alunos devem desenvolver ao longo das etapas e modalidades da Educação Básica, de modo a que tenham assegurados seus direitos de aprendizagem e desenvolvimento, em conformidade com o que preceitua o Plano Nacional de Educação (PNE). Este documento normativo aplica-se exclusivamente à educação escolar, tal como a define o § 1º do Artigo 1º da Lei de Diretrizes e Bases da Educação Nacional (LDB, Lei n. 9.394/1996), e está orientado pelos princípios éticos, políticos e estéticos que visam à formação humana integral e à construção de uma sociedade justa, democrática e inclusiva, como fundamentado nas Diretrizes Curriculares Nacionais da Educação Básica (DCN). (Brasil, 2018f, p. 7, grifo nosso)

A BNCC contempla a educação básica como um todo, ou seja, prevê ações curriculares que vão desde a educação infantil, perpassam pelo ensino fundamental e chegam ao ensino médio.

Esse documento está estruturado da seguinte maneira nas etapas de educação infantil, ensino fundamental e ensino médio: na educação infantil, priorizam-se os direitos de aprendizagem e desenvolvimento, relacionando os atos de conviver, brincar, participar, explorar, expressar e conhecer-se. No campo de experiências, os temas são: "O eu, o outro e o nós"; "Corpo, gestos e movimentos"; "Traços, sons, cores e formas"; "Escuta, fala, pensamento e imaginação"; "Espaços, tempos, quantidades, relações e transformações" (Brasil, 2018f, p. 38-41). Em cada campo de experiências, são definidos objetivos de aprendizagem e desenvolvimento (Brasil, 2018f).

No ensino fundamental, por sua vez, os componentes curriculares são divididos em anos iniciais (primeira etapa) e anos finais (segunda etapa) do ensino fundamental. Como você já deve saber, os anos iniciais vão do 1º ao 5º ano, e os finais, do 6º ao 9º. Nesse sentido, a BNCC elenca cinco áreas de conhecimento[2]: "Linguagens" (Língua Portuguesa, Arte, Educação Física e Língua Inglesa); "Matemática"; "Ciências da Natureza" (Ciências); "Ciências Humanas" (Geografia e História) e "Ensino Religioso" (Brasil, 2018f, p. 27). Essas áreas, segundo o Parecer CNE/CEB n. 11, de 7 de julho de 2010, "favorecem a comunicação entre os conhecimentos e saberes dos diferentes componentes curriculares" (Brasil, 2010).

Entre as competências estabelecidas na BNCC, merecem destaque as relacionadas à questão da valorização e utilização dos conhecimentos historicamente construídos dos mundos físico, social e cultural, para que, assim, o aluno consiga entender e explicar sua realidade, como:

- exercitar a curiosidade intelectual;
- desenvolver o senso estético para valorizar e participar de forma ativa de diversas manifestações artísticas e culturais;
- utilizar as tecnologias digitais de comunicação e informação de forma crítica;
- trabalhar com a valorização da diversidade de saberes e das vivências culturais;
- desenvolver a empatia, o diálogo, a resolução de conflitos e a cooperação (Brasil, 2018f).

Seguindo essa linha de pensamento, apresentamos a Figura 3.2, na qual podemos visualizar a forma como a BNCC está estruturada. É importante salientar que as escolas têm até 2020 para adequar seus currículos escolares dentro das orientações estabelecidas na BNCC. Nesse sentido, os professores que já estão nas escolas e os futuros professores deverão ter um conhecimento aprofundado desse documento para conseguir colocá-lo em prática.

---

2 Conforme podemos observar, algumas áreas do conhecimento contêm mais de um componente curricular.

Da mesma forma, os materiais didáticos terão de ser repensados com base na BNCC, pois um total de 60% dos conteúdos que contemplam os currículos nacionais devem se basear nesse documento. Assim, cabe a toda comunidade envolvida nas instituições escolares refletir sobre quais estratégias utilizarão a fim de se adequar a esse projeto.

Figura 3.2 – Representação esquemática da estrutura da BNCC

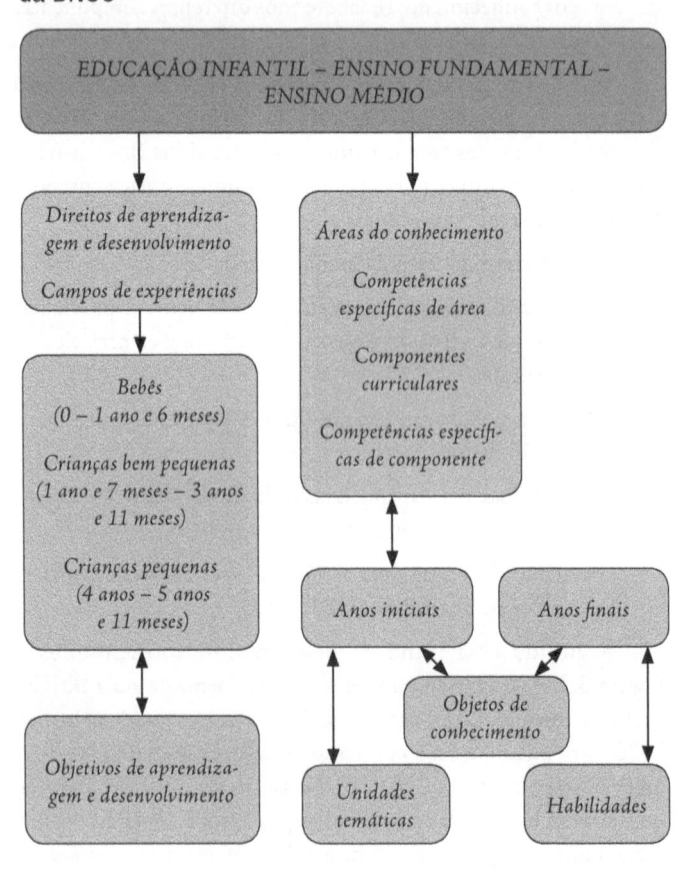

```
                EDUCAÇÃO INFANTIL – ENSINO FUNDAMENTAL –
                               ENSINO MÉDIO

     ┌──────────────────────────┐         ┌──────────────────────────┐
     │ Direitos de aprendiza-   │         │ Áreas do conhecimento    │
     │ gem e desenvolvimento    │         │                          │
     │ Campos de experiências   │         │ Competências             │
     │                          │         │ específicas de área      │
     │ Bebês                    │         │ Componentes              │
     │ (0 – 1 ano e 6 meses)    │         │ curriculares             │
     │ Crianças bem pequenas    │         │ Competências específi-   │
     │ (1 ano e 7 meses – 3 anos│         │ cas de componente        │
     │ e 11 meses)              │         └──────────────────────────┘
     │ Crianças pequenas        │
     │ (4 anos – 5 anos         │         ┌─────────────┐  ┌─────────────┐
     │ e 11 meses)              │         │Anos iniciais│  │ Anos finais │
     └──────────────────────────┘         └─────────────┘  └─────────────┘
                                                 │ Objetos de  │
                                                 │conhecimento │
     ┌──────────────────────────┐         ┌─────────────┐  ┌─────────────┐
     │ Objetivos de aprendiza-  │         │  Unidades   │  │ Habilidades │
     │ gem e desenvolvimento    │         │  temáticas  │  │             │
     └──────────────────────────┘         └─────────────┘  └─────────────┘
```

Fonte: Elaborado com base em Brasil, 2018f.

Podemos observar, pelo esquema exposto na Figura 3.2, que somente a educação infantil e o ensino fundamental encontram-se estruturados, bem como que o ensino médio, apesar de fazer parte da BNCC, ainda carece de estruturação.

3.3 O currículo como articulador da teoria com o processo de ensino-aprendizagem

Conseguimos trazer, neste capítulo, os caminhos percorridos pelo currículo no sentido de pensá-lo de forma ativa e significativa dentro da escola, pois ele não pode ser visto ou passado de forma despercebida e neutra aos alunos. Pelo contrário, ele deve ser trabalhado, considerado e construído para promover a transformação dos sujeitos.

Como afirmam Moreira e Silva (1995, p. 7-8):

> O currículo não é um elemento inocente e neutro de transmissão desinteressada do conhecimento social. O currículo está implicado em relações de poder, o currículo transmite visões sociais particulares e interessadas, o currículo produz identidades individuais e sociais particulares. O currículo não é um elemento transcendente e atemporal – ele tem uma história, vinculada a formas específicas e contingentes de organização da sociedade e da educação.

Percebemos, assim, que o currículo envolve relações de poder, as quais influenciam na escola. Compreendemos, tal como Sousa (2015, p. 324), que o "currículo é uma produção cultural que vai além de saberes ou determinação de conhecimentos válidos".

Por isso, é importante que tenhamos clareza do que é o currículo e de qual é o seu papel social, pois é por meio dele que os alunos terão acesso ao conhecimento historicamente construído e, poderão, assim, compreender o hoje e o amanhã.

Para um currículo cumprir com sua função social de transformação do sujeito e da sociedade, é necessário que seja pensado e construído com princípios e objetivos bem consolidados, articulados com as práticas vivenciadas pelos alunos, para que a aprendizagem seja significativa para eles.

Quando mencionamos que o currículo é uma produção cultural, e quando falamos de Brasil, sabemos que, dependendo da região, do Estado ou da cidade, é possível encontrar vários tipos de cultura. Logo, cada escola deve articular seu currículo de acordo com suas necessidades culturais econômicas e educacionais, mas levando em consideração os conteúdos elencados pela BNCC.

Síntese

Neste capítulo, discutimos a respeito dos modelos de currículos internacionais e do currículo nacional. Demonstramos que, em relação às escolas privadas, ambos acabam se articulando. Isso possibilita uma integração cultural, visto que o aluno terá acesso ao currículo do Brasil e, também, ao do país em que a escola buscou parceria para ampliar suas possibilidades pedagógicas.

Além disso, observamos a importância de compreender claramente em que consiste um currículo, pois ele é o responsável por encaminhar as ações desenvolvidas no interior das instituições educativas, tanto no sentido filosófico quanto nas práticas pedagógicas.

Também destacamos que, longe de ser um documento pronto e acabado, o currículo é e deve ser passível de alterações e reformulações, partindo da ideia de que seu objetivo maior é a formação de um sujeito pensante da sociedade. O mesmo raciocínio, inclusive, aplica-se às teorias a ele relacionadas, pois quando se trata de discutir conceitos e políticas educacionais, cada teórico trata desse assunto de acordo com uma corrente filosófica de preferência.

Ainda, explicamos que as políticas internacionais exerceram e seguem exercendo grande influência no campo educacional brasileiro. Sobre o currículo nacional, mencionamos que o país está passando por uma nova reforma no campo curricular e que as escolas deverão ter seus currículos organizados com base na BNCC, a qual foi aprovada em 15 dezembro de 2017.

Por fim, refletimos sobre a articulação do currículo com o processo de ensino-aprendizagem e enfatizamos a importância de trabalhar os conteúdos curriculares mediante a realidade dos alunos, pois, dessa forma, eles podem compreender suas realidades e suas histórias, transformando-se em sujeitos ativos numa sociedade em constante transformação.

Indicações culturais

BRASIL. Ministério da Educação. Secretaria de Educação Básica. Secretaria de Educação Continuada, Alfabetização, Diversidade e Inclusão. Secretaria de Educação Profissional e Tecnológica. Conselho Nacional da Educação. Câmara Nacional de Educação Básica. *Diretrizes Curriculares Nacionais Gerais da Educação Básica*. Brasília, 2013. Disponível em: <http://portal.mec.gov.br/index.php?option=com_docman&view=download&alias=13448-diretrizes-curiculares-nacionais-2013-pdf&Itemid=30192>. Acesso em: 3 dez. 2018.

O documento com as Diretrizes Curriculares Nacionais para a Educação Básica pode ser acessado pelo *link* indicado.

Atividades de autoavaliação

1. A respeito da forma como o currículo deve ser entendido, assinale (V) para as asserções verdadeiras e (F) para as falsas.
   ( ) Como algo imposto desvinculado da cultura na qual se encontra, além de ser uma forma de expressar poder.
   ( ) Como um documento em que os conteúdos estão explanados, o qual o professor deve seguir à risca; assim, somente o currículo já é necessário para que a aprendizagem ocorra.

( ) Além de tratar de conteúdos e de modos de ensinar e aprender, o currículo funciona como um dispositivo que ensina determinadas maneiras de perceber, significar e usar o espaço.

( ) O currículo é uma prática, uma expressão da função socializadora e cultural de determinada instituição.

( ) O currículo deve reagrupar uma série de subsistemas ou práticas diversas, entre as quais se encontra a prática pedagógica desenvolvida em instituições escolares.

A seguir, assinale a alternativa que apresenta a sequência correta:

a) F, F, V, V, V.
b) V, F, F, V, F.
c) V, V, V, F, V.
d) F, F, F, V, F.

2. Ciavatta e Ramos (2012) indicam que um dos legados introduzidos pelas políticas internacionais à educação brasileira é o modelo para a formação de competências, que envolve:

a) conhecimentos e habilidades.
b) conhecimentos, atitudes e valores.
c) conhecimentos, habilidades, atitudes, emoções e valores.
d) somente habilidades e valores.

3. Com base na leitura deste capítulo, assinale a alternativa que indica quais são as influências dos currículos internacionais na educação brasileira:

a) Os currículos influenciam apenas na formação dos estudantes da escola pública.
b) Os currículos influenciam apenas nos conteúdos das escolas públicas e privadas.
c) Os currículos influenciam apenas nas políticas educacionais.
d) Os currículos influenciam nas políticas educacionais e também são articulados com os currículos nacionais em escolas privadas.

4. A respeito da Base Nacional Comum Curricular (BNCC), assinale (V) para as asserções verdadeiras e (F) para as falsas.

   ( ) A BNCC traz uma base dos conteúdos que deverão estar nos currículos escolares de escolas publicas e privadas.

   ( ) A BNCC não articula eixos como competências e habilidades.

   ( ) Na BNCC, as experiências vivenciadas pelos alunos e a realidade do aluno não devem ser articuladas com os conteúdos de base.

   ( ) Com a nova proposta da BNCC, apenas o ensino fundamental foi contemplado, sendo que para a educação infantil e o ensino médio os currículos podem ser construídos de forma isolada de acordo com cada escola.

   A seguir, assinale a alternativa que apresenta a sequência correta:
   a) V, F, F, F.
   b) V, V, V, V.
   c) F, F, F, F.
   d) V, F, V, F.

5. O órgão responsável pela avaliação curricular é:
   a) Fundo de Desenvolvimento das Nações Unidas.
   b) Sistema Nacional de Avaliação da Educação Básica.
   c) Organização das Nações Unidas.
   d) Fundo de Desenvolvimento da Educação Básica.

Atividades de aprendizagem

Questões para reflexão

1. Sousa (2015, p. 324) afirma que o "currículo é uma produção cultural que vai além de saberes ou determinação de conhecimentos válidos". Você concorda com essa proposta do autor? Apresente um exemplo de como o currículo pode ir além do que se estabelece como conhecimento válido.

2. Na sua opinião, com base no que discutimos neste capítulo, quais são os pontos positivos e negativos da Base Nacional Comum Curricular (BNCC)?

Atividade aplicada: prática

1. Neste capítulo, apresentamos três modelos de currículo internacional. Faça uma pesquisa e descubra mais sobre um desses modelos. Elabore um fichamento contendo as principais competências e habilidades identificadas no modelo em questão e, depois, compare com seus colegas os resultados de sua pesquisa.

4 Currículo e tecnologia

Neste capítulo, discutiremos acerca de questões que perpassam as tecnologias digitais, buscando inferir conceitos, objetivos, métodos e técnicas que tornam o fazer pedagógico mais dinâmico e o processo de aprendizagem mais proveitoso.

Assim, verificaremos como ocorre a convergência entre as tecnologias e apresentaremos alguns conceitos apoiados em estudos de especialistas no assunto, como o filósofo contemporâneo Álvaro Vieira Pinto, que se debruçou longamente sobre o tema, distinguindo técnica e tecnologia e, ainda, as perspectivas da tecnologia na educação. Também verificaremos como as políticas públicas e os incentivos governamentais em nosso país colaboraram para o desenvolvimento de programas de inclusão de tecnologia nos currículos escolares.

4.1 O que é tecnologia?

Há alguns anos, ouvimos falar no uso de tecnologias na educação, afinal, elas se fazem tão presentes em nossa rotina que nem nos lembramos como era nosso dia a dia antes delas. Nesse caso, estamos nos referindo mais especificamente às tecnologias digitais de informação e comunicação que surgiram junto com a internet.

Você consegue ficar sem acessar *e-mails*, Whatsapp, Facebook, Instagram e outros tantos aplicativos por um final de semana? Se consegue, definitivamente você não faz parte da geração de jovens com menos de 30 anos. Por meio de um telefone celular, é possível resolver quase todos os problemas que afligiam a sociedade até o final do século passado: fazer transações bancárias, comprar qualquer coisa (principalmente, produtos que chegam a nós por viagens transoceânicas), marcar eventos em agendas compartilhadas, saber o que está acontecendo no mundo e, inclusive, telefonar.

Com tanta facilidade, por que ainda não conseguimos efetivamente fazer a convergência entre a tecnologia e o currículo escolar? O que nos falta? Será que esperamos demais das tecnologias? O conteúdo ainda é um elemento chave no processo de ensino-aprendizagem? Depois de mais de 20 anos de internet, o que efetivamente mudou na educação? O que era sonho, tornou-se realidade? E o que se tornou um pesadelo?

Ante o exposto, para darmos início a este capítulo, faremos uma breve discussão em torno do conceito de tecnologia.

Na atualidade, contamos com diversos recursos tecnológicos, como projetores de mídias diversas, computadores, *tablets*, celulares, internet, mídias sociais, jogos *on-line*, ambientes virtuais de aprendizagem, além de tantas outras opções de *hardwares* e *softwares*. Algumas foram especialmente pensadas para a educação; outras foram emprestadas de outras áreas, mas certamente fazem a diferença na qualidade de nossas aulas.

Quando o tema é tecnologia educacional, a primeira coisa em que pensamos são as novidades que o mercado de tecnologias digitais de informação e de comunicação tem a nos oferecer. Mas será que tecnologia só tem relação com *hardwares* e *softwares*?

É possível imaginar, por exemplo, que algumas coisas que não precisam ser ligadas na tomada para funcionar, como o quadro-negro e o giz, também sejam tecnologias? E por que o quadro-negro poderia ser considerado tecnologia? Pense assim: na pré-história, de modo geral, os homens eram obrigados a se adaptar aos fenômenos naturais e aos perigos no momento em que eles surgiam. Por exemplo: se chovesse, o sujeito dessa época precisava correr para dentro de sua caverna, para se proteger.

Assim, a partir do momento em que os seres humanos começaram a criar objetos para se adaptar ou resolver os problemas que encontravam em suas rotinas, tais objetos passaram a suprir tais necessidades: isso é tecnologia. No caso de nosso exemplo, o guarda-chuva foi uma tecnologia inventada pelo homem para se proteger da chuva quando ele está longe de algum lugar seguro.

O filosofo Umberto Galimberti (2006), ao falar a respeito da sociedade industrial, define-a com um novo paradigma de conhecimento no qual a natureza se subordina ao homem e se torna instrumento em um mundo em construção. A subjetividade do homem se incorpora à natureza sugerindo uma transformação técnica. Ou seja, não recebemos mais algo pronto, mas sim construímos: "não é mais o intelecto que se adapta à coisa, mas a coisa às condições colocadas pelo intelecto" (Galimberti, 2006, p. 370).

Galimberti (2006) enfatiza que nessa sociedade tecnológica existe uma mudança respeitável nas condições que refletem a relação do homem com a natureza. A mudança paradigmática do que era a sociedade industrial para a sociedade do conhecimento (ou tecnológica) aponta para mudanças de concepção produtiva de quantidade para qualidade, "que é a subordinação do homem e da natureza à técnica" (Galimberti, 2006, p. 371).

Outros autores, como Manuel Castells, Duncan Green, Pierre Lévy e Álvaro Vieira Pinto, abalizam que a tecnologia está densamente entrelaçada na sociedade e tem sido compreendida de modos distintos em cada período da história. Assim, podemos perceber que as diferentes considerações entre sociedade e tecnologia se dão apenas em termos de conceito.

Vamos conhecer um pouco da obra de cada um desses autores quando voltam seus olhares para a tecnologia e a sociedade?

O primeiro autor que vamos apresentar é Castells (2006, p. 17), que destaca: "a tecnologia não determina a sociedade: é a sociedade. A sociedade é que dá forma à tecnologia de acordo com as necessidades, valores e interesses das pessoas que utilizam as tecnologias".

O que podemos perceber com essa análise de Castells é que, dos avanços tecnológicos que se evidenciaram a partir de meados do século passado, merece maior destaque o das tecnologias digitais de informação e de comunicação, que causou as mais significativas transformações sociais, culturais, econômicas e também nos processos de ensino-aprendizagem.

Sob essa ótica, Duncan Green (2009, p. 59) salienta:

> A tecnologia consiste em conhecimentos incorporados a máquinas ou processos e ela traz a promessa de uma rota rápida e aparentemente indolor para o desenvolvimento. A capacidade dos países de gerar conhecimentos e transformá-los em tecnologia determina, cada vez mais, suas perspectivas econômicas.

Já para o filósofo francês Pierre Lévy (1999, p. 127), "as tecnologias são produtos de uma sociedade e de uma cultura". Ele afirma que a tecnologia traduz a habilidade que a humanidade tem para, por meio de suas instituições sociais, dar impulso ao seu domínio das tecnologias. A obra desse autor, tendo em vista sua formação voltada para a ciência da informação e da comunicação, é importante para podermos compreender como o homem faz uso da tecnologia.

Especificamente em seu livro *Cibercutura*, Lévy (1999, p. 127) define três princípios essenciais que orientaram o crescimento inicial do ciberespaço: "a interconexão, a criação de comunidades virtuais e a inteligência coletiva". Nesse sentido, o conhecimento gerado no ciberespaço parte do princípio da reciprocidade, ou seja, o que é útil a uma pessoa pode ser útil para muitas outras pessoas.

Esse novo ciclo de conhecimento tecnológico permitiu aos usuários interagirem com os instrumentos, aprendendo, apropriando-se de seus mecanismos e redefinindo suas formas de utilizá-los.

Para Castells (2006), desde as primeiras décadas do século XXI, um movimento interativo vem criando um processo de realimentação que amplia infinitamente o poder tecnológico, em que "usuários e criadores podem tornar-se a mesma coisa" (Castells, 2006, p. 69). Isto é, quando temos a possibilidade de consultar uma enciclopédia *on-line* como a Wikipedia para sanar alguma dúvida, devemos lembrar que somos também responsáveis pela construção dos conceitos nela dispostos. Nesse aspecto, somos usuários, mas também criadores.

O último autor que desejamos apresentar é Álvaro Vieira Pinto, filósofo brasileiro que destinou 1.328 laudas, divididas em dois tomos de seu livro *O conceito de tecnologia* (2005), aprofundando-se no tema com prioridade.

Para o autor, *tecnologia* é:

> Sempre um bem, pelo simples fato de constituir um acréscimo ao conhecimento humano, a expansão da cultura, na verdade um aspecto da manobra da hominização, mesmo quando impiedosa na aplicação, em virtude das condições sociais ou dos interesses dos agentes a que serve. Em princípio, **a tecnologia, sendo propriedade social, em sentido econômico e ético, representará um benefício para o homem se a sociedade que a engendra e utiliza for, ela própria, um bem para o homem.** (Vieira Pinto, 2005, p. 702, grifo nosso)

Você consegue perceber que a tecnologia, segundo o autor, acompanha todo o processo histórico da humanidade, pois é produto do trabalho do homem, pertencendo e concedendo a todos o direito de usá-la como melhor lhes aprouver?

Dentre as várias acepções de tecnologia, Vieira Pinto (2005, p. 219) destaca quatro significados que popularmente remetem ao termo:

> a) sentido etimológico: é o mais amplo e possibilita a compreensão dos demais: "logos da técnica". Neste aspecto a tecnologia engloba a teoria, a ciência, a discussão da técnica, abrangidas nesta última acepção as artes, as habilidades do fazer, as profissões e, generalizadamente, os modos de produzir alguma coisa;
>
> b) a tecnologia respaldada pelo senso comum e no linguajar popular. Neste contexto, ela é entendida como sinônimo de técnica ou de *know-how*;
>
> c) a terceira acepção de "tecnologia" está relacionada ao conjunto de técnicas de que dispõe uma sociedade, em qualquer fase histórica de seu desenvolvimento. Neste sentido, refere-se ao grau de desenvolvimento das forças produtivas de uma determinada sociedade; e
>
> d) o quarto sentido de tecnologia diz respeito à ideologização da técnica.

É importante perceber que, para poder se estabelecer uma convergência entre tecnologia e currículo, a tecnologia deve, obrigatoriamente, ser necessária, independente de sua utilidade. Seguindo o mesmo raciocínio, quando uma pessoa compra um aparelho celular de última geração, não deve fazê-lo porque é possível que ele seja útil, mas sim porque ela precisa de algo que ele oferece, como certos aplicativos.

Outro ponto de reflexão é que a adoção da tecnologia por si mesma não assegura que o processo de ensino-aprendizagem necessariamente vai melhorar. É preciso estar suficientemente preparado e envolvido no processo para empregar, do melhor modo, todo recurso que a tecnologia possa oferecer. Não é ela que torna o mundo mais democrático, mas sim o homem e o uso consciente que pode fazer dela. Desse modo, é possível pensar na convergência entre tecnologia e currículo.

4.2 As tecnologias digitais de informação e comunicação e o currículo escolar: políticas públicas

A introdução das tecnologias digitais de informação e comunicação no currículo escolar aconteceu ainda antes da explosão do uso da internet tal qual a conhecemos hoje e datam do início da década de 1980, considerando as recomendações dos encontros nacionais idealizados pelo Ministério da Educação (MEC) por meio do Projeto Educom.

Nesse projeto, foram pensados centros de informática em educação distribuídos em cinco instituições de ensino superior públicas: Universidade Federal do Rio Grande do Sul (UFRGS), Universidade Estadual de Campinas (Unicamp), Universidade Federal do Rio de Janeiro (UFRJ), Universidade Federal de Minas Gerais (UFMG) e Universidade Federal de Pernambuco (UFPE), as quais desenvolviam pesquisas sobre o uso do computador como um recurso possível para melhorar a aprendizagem (Nascimento, 2007). Cada um desses grandes centros acadêmicos sistematizava os seus projetos sempre partindo de problemas, de modo a encontrar soluções para eles.

Sob essa ótica, conforme Valente e Almeida (1997, p. 5):

> a presença dos microcomputadores permitiu também a divulgação de novas modalidades de uso do computador na educação como ferramenta no auxílio de resolução de problemas, na produção de textos, manipulação de banco de dados e controle de processos em tempo real. De acordo com essa abordagem, o computador passou a assumir um papel fundamental de complementação, de aperfeiçoamento e de possível mudança na qualidade da educação, possibilitando a criação de ambientes de aprendizagem.

O olhar inovador da proposta nacional concentrava-se sobre um currículo que apresentasse uma formação crítica reflexiva, articulando o uso da tecnologia para seleção, aquisição e disseminação de informações, sempre com o objetivo último de construir conhecimentos e modificar o contexto posto, evidenciando mudanças no papel do professor, que precisava ser menos conteudista e mais questionador, ensinando ao aluno a importância da pesquisa, da descoberta e da dúvida sobre o conhecimento.

Do início dos anos de 1980 até o final da década de 1990, as propostas advindas de *softwares* educacionais circunscreviam-se à utilização de programas que se assemelhavam à instrução programada ou à linguagem de programação, tendo como recurso mais conhecido a linguagem Logo. Os *softwares* eram disponibilizados inicialmente em disquetes e, posteriormente, em CD-ROM, e cada nova mídia propiciava maior interatividade e simultaneidade com o uso de recursos de hipermídia.

Seymour Papert, docente do Massachusetts Institute of Technology (MIT), que havia trabalhado com Jean Piaget, liderou um movimento que propunha transformações substanciais nas abordagens educativas com o uso de computadores nos currículos escolares. Em parceria com Marvin Minsky, especialista em inteligência artificial, Papert desenvolveu, em 1967, a linguagem de programação Logo, que permitia ao usuário elaborar e executar os seus programas de modo lúdico e simples.

> Do ponto de vista educacional, é uma linguagem simples, porque possui características que torna acessível o seu uso por sujeitos de diversas áreas e de diferentes níveis de escolaridade. Computacionalmente, Logo é considerada uma linguagem bastante sofisticada, por possuir características pertencentes a três paradigmas computacionais distintos: procedural, orientado a objetos e funcional. Entretanto, Logo é mais conhecido pelo paradigma procedural, especialmente, o Logo Gráfico. Logo Gráfico caracteriza-se pela presença de um cursor, representado pela figura de uma Tartaruga, que pode ser deslocada no espaço da tela por meio de alguns comandos primitivos. (Prado, 1999, p. 1)

O controle da tartaruga possibilita que o aluno trabalhe com as questões que se referem ao espaço topológico, aprendendo importantes conceitos matemáticos referentes à geometria – que se tornaram conhecidos por *geometria da tartaruga*.

A Figura 4.1, a seguir, apresenta alguns comandos básicos que, quando selecionados pelo usuário, fazem a tartaruga se deslocar ou realizar alguma ação. Como a resposta é imediata, o aluno atribui um comando e já verifica se a tartaruga obedece.

Quadro 4.1 – Comandos básicos da tartaruga: linguagem Logo

comando	descrição
pf <número>	desloca a tartaruga para a frente um determinado número de passos
pd <número>	gira a tartaruga à direita um determinado ângulo
pe <número>	gira a tartaruga à esquerda um determinado ângulo
pt <número>	desloca a tartaruga para trás um determinado número de passos
tat	apaga a Janela Gráfica, colocando a tartaruga na sua posição e direção originais
rotule <objeto>	imprime na Janela Gráfica o objeto especificado a partir da posição da tartaruga

(continua)

(Quadro 4.1 – conclusão)

comando	descrição
ub	coloca uma borracha sob a tartaruga possibilitando apagar linhas já desenhadas
ul	coloca uma lápis sob a tartaruga possibilitando o desenho de linhas por onde ela passar
un	retira o lápis ou a borracha da tartaruga possibilitando deslocá-la sem deixar rastros visíveis
repita <número> <lista>	é utilizado quando se deseja repetir uma mesma lista de instruções um determinado número de vezes

Fonte: PUC Minas, 2018.

Essa abordagem, fundamentada no construtivismo de Piaget, recebeu o nome de *construcionista* e tinha por objetivo provocar uma intensa mudança nos processos de ensino-aprendizagem. Foi fortemente utilizada por pesquisadores que atuavam no Laboratório de Estudos Cognitivos da UFRGS, preocupados com as dificuldades que os alunos dos ensinos fundamental e médio apresentavam com relação aos conteúdos do currículo para o ensino da Matemática nas escolas públicas.

Nos anos de 1990, na capital paulista, quando Paulo Freire foi Secretário de Educação do município de São Paulo, teve início o Projeto Gênese, "com o objetivo de integrar a informática ao currículo como uma ferramenta interdisciplinar, trabalhando com temas geradores" (Almeida, M. E. B., 2005, p. 12).

Para oportunizar aos educandos uma aproximação às tecnologias de informação e de comunicação (TICs) nas escolas que dispunham de equipamentos, houve um estágio em que o caminho usual incidiu sobre a formação de uma disciplina concentrada no desenvolvimento de competências de domínio instrumental dos equipamentos informáticos, com a consequente introdução ao currículo dos conteúdos relacionados a essa disciplina.

Observou-se, depois, que a inclusão de computadores nas instituições de ensino como mais um recurso disponível ocorreu da mesma forma que fora feito em outros tempos com relação aos recursos audiovisuais, isto é, sem uma análise prévia das possibilidades de colaboração significativa das tecnologias ao fazer docente, o que não seria capaz de cumprir com o necessário para que houvesse convergência entre tecnologia e currículo.

Para propiciar a articulação entre distintas áreas de saber, as instituições procuraram utilizar o computador como uma ferramenta de aprendizagem no desenvolvimento de projetos. Nessa perspectiva, a informática seria usada pelo aluno para configurar a solução de um problema ou implantar um projeto, criando seus próprios modelos mentais.

A esse respeito, Maria Elizabeth Bianconcini de Almeida (2005, p. 14) relata:

> Houve também a tomada de consciência de outros fatores a serem considerados para a implantação de um programa inovador de integração do computador na educação, destacando-se a disponibilidade de recursos computacionais, o apoio político-pedagógico-institucional e a redefinição dos conceitos de conhecimento, ensino e aprendizagem.

Assim, seguiram-se programas de governo das esferas federal, estadual e municipal, além do interesse também das instituições privadas de ensino, que priorizaram a inserção de tecnologias de informação e comunicação nos currículos escolares, por um lado, atraindo alunos em todos os níveis de ensino, e por outro, preocupando-se com a formação do professor para o novo contexto.

4.3 Incentivo governamental: programas de inclusão de tecnologia nos currículos da educação básica

Entre os anos de 1997 e 1998, a Pontifícia Universidade Católica de São Paulo (PUC-SP), em parceria com a Secretaria de Estado de Educação de São Paulo (SEE/SP), criou, no Programa de Educação Continuada (PEC), o subprojeto intitulado *Informática na Educação*, que se caracterizou como um programa voltado à formação docente para a inserção do computador no desenvolvimento dos conteúdos propostos nos currículos, apresentando novas propostas de formação e aprofundamento da compreensão do computador como possibilidade de que o educando sinta-se autor de suas descobertas e de sua aprendizagem.

Nesse mesmo período, foi criado o Programa Nacional de Informática na Educação (ProInfo), vinculado à então Secretaria de Educação a Distância, extinta em 2011. Entre 1997 e 1998, o ProInfo implantou 119 núcleos de tecnologia educacional em 27 Estados e no Distrito Federal e capacitou, por meio de cursos de especialização em informática na educação, em torno de 1.419 multiplicadores para que atuassem nos núcleos. Para 1999, a projeção de entrega de computadores era de 30 mil para serem implantados em escolas e em outros 100 núcleos de tecnologia. Previa-se que o projeto, até 2002, atendesse a 6 mil escolas (Valente, 1999, p. 7).

O Quadro 4.2, a seguir, apresenta o que foi planejado e o que foi executado pelo programa desde sua criação até 2002.

Quadro 4.2 – Proinfo: metas estabelecidas e o que se atingiu

O QUE FOI PLANEJADO & O QUE FOI REALIZADO

	Meta estabelecida	O que se atingiu
Alunos beneficiados	7.500.000	6.000.000
Escolas atingidas	6.000	4.629
NTE implantados	200	262
Multiplicadores capacitados	1.000	2.169
Professores capacitados	25.000	137.911
Técnicos capacitados	6.000	10.087
Gestores capacitados		4.036
Computadores instalados	105.000	53.895

Fonte: Almeida; Valente, 2016, p. 61.

É possível observar que poucas metas foram superadas, como o número de núcleos implantados e a formação de multiplicadores, professores, técnicos e gestores capacitados. Contudo, mesmo com o grande número de pessoas habilitadas ao trabalho, o número de escolas atendidas, de computadores instalados e, com isso, de alunos que se beneficiaram do programa ficou aquém do esperado.

Levando em conta que as tecnologias de informação e de comunicação ainda não convergiam com o currículo escolar, a partir de dezembro de 2007 o ProInfo transformou-se em ProInfo Integrado, propondo-se a sistematizar ações, projetos e recursos de modo a relacionar a tecnologia à educação, fornecendo infraestrutura e treinamento, além da criação de comunidades virtuais e da oferta de conteúdos e recursos digitais que pudessem ter relação com os currículos propostos nas escolas.

O Ministério da Educação (MEC), por meio desse programa, criou diversificadas estratégias de modo a contribuir para a implementação do uso de tecnologias no currículo. Entre essas convergências, podemos citar algumas que vêm sendo efetivadas nos últimos dez anos pelo MEC e que estão contempladas no Portal do Ministério de Educação:

- **Cursos de extensão do ProInfo Integrado:** Cursos que articulam o uso de tecnologias no cotidiano escolar, considerando a distribuição de equipamentos nas escolas e a oferta de conteúdos e recursos tecnológicos promovidos pelo Portal do Professor, TV Escola, Domínio Público e Banco Internacional de Objetos de Aprendizagem. Os cursos disponibilizados vão de módulos básicos, para professores que não têm nenhuma intimidade com a tecnologia, a cursos avançados, para aqueles que têm domínio e já incluíram a tecnologia em sua rotina docente (Almeida; Valente, 2016).
- **Mídias na Educação:** Esse projeto é composto de maneira modular, tendo como público-alvo professores que atuam na educação básica. Desde 2009, a Coordenação de Aperfeiçoamento de Pessoal de Nível Superior (Capes) tomou a frente do programa, oferecendo cursos de extensão, aperfeiçoamento e especialização (Brasil, 2018c).
- **Projeto UCA (um computador por aluno):** Com início em 2007, é considerada a primeira iniciativa de órgãos governamentais no país a integrar a tecnologia

ao currículo, considerando o espaço escolar como um todo, em contraponto ao que vinha ocorrendo com relação à utilização de laboratórios especificamente para o desenvolvimento das aulas de informática, isto é, sem conexão com os conteúdos trabalhados em sala de aula. De acordo com os dados do projeto, em 2009, foram alocados 150 mil *laptops* em 350 escolas públicas do Rio de Janeiro, São Paulo, Tocantins, Rio Grande do Sul e Distrito Federal (Brasil, 2018e).

+ **Banda Larga nas Escolas:** Programa do governo lançado em abril de 2008 que tem por objetivo oferecer uma infraestrutura que permita levar internet às escolas públicas, com manutenção dos serviços até 2025. A gestão é realizada pelo MEC em parceria com a Agência Nacional de Telecomunicações (Anatel), o Ministério das Comunicações, o Ministério do Planejamento e as Secretarias de Educação dos Estados e dos municípios (Brasil, 2018d).

Considerando que os esforços para a realização do programa Banda Larga nas Escolas não vêm sendo efetivados a contento, em 2015, no Seminário Escolas Conectadas: Equidade e Qualidade na Educação Brasileira, instituições públicas e privadas propuseram a universalização do uso da tecnologia na educação. Na busca por estabelecer uma proposta para o plano nacional de conectividade nas escolas, o Conselho Nacional de Secretários de Educação (Consed) convidou para o seminário Joseph South, diretor-adjunto do Escritório de Tecnologias Educacionais do Departamento de Educação dos Estados Unidos.

> Para Joseph a realidade não comporta modelos estáticos, "não é questão de laboratórios de tecnologia, mas a completa inserção da tecnologia na sala de aula", apontando em seguida fatores importantes como a disponibilidade de dispositivos acessíveis e interativos; o desenvolvimento técnico-profissional para os professores; o suporte por meio de novas orientações em guias para as áreas de infraestrutura, desenvolvedores e para os próprios professores. (Consed, 2015)

De acordo com South, é na prática que os atores do processo educativo produzem resultados e constroem conhecimento. O diretor concluiu sua participação no evento com uma equação para ser implementada nas escolas: "Banda larga + dispositivos = aprendizagem + liderança = transformação da escola" (Consed, 2015). Desse modo, assegura-se a convergência entre currículo e tecnologia.

A implantação de projetos e programas por parte do governo conta com uma política que deixa transparecer a falta de integração entre os programas oferecidos (Almeida; Valente, 2016). Há um grande esforço por parte dos especialistas que se esmeram para oferecer um produto de qualidade. No entanto, devido ao fato de que a concepção dos programas não envolve os Estados e municípios, o engajamento da comunidade escolar acaba sendo mínimo, pois ela só é ouvida no momento da implantação dos projetos, gerando insatisfação por parte dos usuários finais: alunos e professores.

4.4 Uso de tecnologias digitais de informação e comunicação e abordagens educacionais: construtivismo, construcionismo e conectivismo

Inserir tecnologias no currículo não constitui apenas uma forma de atender aos apelos da contemporaneidade. A correta convergência entre tecnologia e currículo deve alinhar os conceitos de ensino e de aprendizagem e favorecer a seleção da tecnologia adequada, considerando os objetivos e a intencionalidade da atividade proposta e do conteúdo a ser aprendido/ensinado.

Há um leque imenso de programas, jogos, atividades, filmes, *e-books* etc. que podem ser utilizados na educação. Porém, o professor deve ter atenção ao fato de que precisa conectar a tecnologia escolhida à intencionalidade da atividade, ao recurso mais adequado para a proposta e às estratégias para o ensino.

Ter domínio sobre os recursos que as tecnologias oferecem é condição essencial para que o processo seja bem-sucedido, mas apenas isso não é capaz de sustentar esse sucesso. Mais que dominar a técnica ou a tecnologia, é preciso saber quais são as possibilidades de uso didático-pedagógico e, ainda, como e por que utilizar a tecnologia escolhida.

4.4.1 O instrucionismo na educação

Papert (1994), Valente (1999) e M. E. B. de Almeida (2005) alertam que as práticas pedagógicas aliadas ao uso de tecnologias digitais de comunicação e de informação podem envolver o instrucionismo, lembrando que:

> No instrucionismo, aprender com o uso das tecnologias de informação e comunicação significa adquirir ou apreender informações apresentadas em ordem crescente de complexidade, cuja fixação é obtida pela repetição que condiciona o comportamento. O controle do ensino é realizado pela tecnologia em uso, considerada uma máquina de ensinar skinneriana que transmite informações e conteúdos conceituais. (Almeida, M. E. B. de, 2005, p. 18)

O psicólogo norte-americano Burrhus Frederic Skinner, que viveu entre 1904 e 1990, dedicou sua vida a estudar o comportamento humano, buscando compreender as possibilidades de moldar e de controlar as reações humanas perante os estímulos recebidos. O autor fundou o behaviorismo, uma corrente que, ao longo do século passado, dominou o campo da psicologia (Smith, 2010).

O que Skinner chamou de *condicionamento operante* tornou-se um conceito fundamental – trata-se de um mecanismo que bonifica uma resposta de um sujeito até que este se sinta condicionado a relacionar essa resposta a uma ação, gerando um hábito e modificando seu comportamento. A essa mudança de comportamento, Skinner deu o nome de *modelagem* (Smith, 2010).

Em 1968, Skinner publicou a obra *Tecnologia do ensino*, na qual apresentou seus estudos acerca da aprendizagem. O autor defendeu que os alunos poderiam aprender sozinhos, utilizando-se de um material didático organizado para essa finalidade, com respostas que os estimulariam à medida em que construíam novos conhecimentos. A essa organização, ele atribuiu o nome de *máquinas de aprendizagem* ou *instrução programada* (Smith, 2010).

> Para ensinar por meio da instrução programada e das máquinas de ensinar, são usados os princípios do reforço. Oferece-se a informação e pede-se a execução de uma atividade a partir dela. Se o aprendiz acerta, é estimulado a continuar, recebendo novas informações e procedendo-se com estas do mesmo modo; se o aprendiz erra, não pode avançar: deve voltar ao começo, até que faça corretamente o solicitado. A diferença entre a instrução programada impressa e a máquina de ensinar está no procedimento instrumental. Em vez de apresentar o comando para voltar ao começo, a máquina trava, apenas se destravando quando há acertos. (Smith, 2010, p. 35)

Desse modo, Skinner influenciou densamente as reflexões sobre a aprendizagem enquanto sequências de instruções e atividades, considerando os objetivos comportamentais e a intencionalidade do ensino. Assim, o modo como atualmente dividimos os conteúdos escolares, dos mais simples aos mais complexos, respeita os estudos propostos por Skinner.

> Na abordagem instrucionista, o *software*, concebido segundo os critérios de instrução programada, é o detentor das informações transmitidas e funciona como um material instrucional ao apresentar o conteúdo com precisão, clareza e objetividade empregando recursos sensoriais e de multimídia (sons, gráficos, desenhos, animações, vídeos, textos...) na interação com o usuário. (Almeida, M. E. B. de, 2005, p. 20)

Desse modo, o aluno recebe as informações do programa escolhido, experimenta-as de acordo com seu próprio ritmo, conveniência, necessidade e condição intelectual, organizando e estabelecendo relações reforçadas por um parecer instantâneo – positivo ou negativo –, de modo a favorecer a construção do conhecimento.

4.4.2 O contexto construcionista

Como já informamos, o matemático e discípulo de Jean Piaget, Seymour Papert (1928-2016), desenvolveu, no Massachusetts Institute of Technology (MIT), a linguagem Logo como resultado da relação possível entre conceitos da inteligência artificial aliados à teoria construtivista (proposta por Piaget).

Opondo-se conceitualmente aos princípios do instrucionismo de Skinner, Papert destacou o uso da tecnologia como um instrumento para a construção de conhecimento significativo, intitulando sua proposta de construcionista. Nos anos de 1980, o matemático já afirmava que o computador, "como é usado atualmente, funciona como um motor a jato instalado numa carroça" (Almeida, 1987, p. 67).

É importante estabelecermos a correta distinção entre o *construcionismo* e o *construtivismo*. Este advém da psicologia do desenvolvimento, e sua principal referência é Jean Piaget. Aquele, por sua vez, é proposto por Papert, e em sua concepção trata-se de uma extensão do construtivismo.

Assim, o construcionismo fundamenta-se em algo concreto que pode ser visto, discutido, mostrado, analisado e observado, que pode ser tanto um objeto construído com peças de Lego, por exemplo, quanto um *software* ou, ainda, uma escultura em argila. No construcionismo, então, é possível analisar o objeto construído a partir de uma estruturação mental (Papert, 1994).

Partindo desse pressuposto, na visão de Papert (1994), a epistemologia tradicional, além de tratar os demais tipos de conhecimento como inferiores, apresenta uma posição privilegiada para o conhecimento que é abstrato, impessoal e distante daquele que se propõe a aprender, ao passo que o construcionismo favorece uma construção concreta do objeto a ser conhecido.

Sob essa ótica, Maria Elizabeth Bianconcini de Almeida (2005, p. 25) salienta que o

> Construcionismo é uma forma de conceber e utilizar as tecnologias de informação e comunicação em educação que envolve o aluno, as tecnologias, o professor, os demais recursos disponíveis e todas as inter-relações que se estabelecem, constituindo um ambiente de aprendizagem que propicia o desenvolvimento da autonomia do aluno, não direcionando a sua ação, mas auxiliando-o na construção de conhecimentos por meio de explorações, experimentações e descobertas.

A autora complementa analisando que a internet possibilita uma potencialização da interatividade e colaboratividade, pois o sujeito, mesmo a distância, pode obter informações, pesquisar e dialogar com estudiosos da área. Ele pode, enfim, construir conhecimento.

Valente (1993) e Almeida (1996) propõem um ciclo que nasce em ambientes de programação com a abordagem construcionista, passando a ser usado em outros ambientes que ofereçam situações de aprendizagem, apresentado na figura a seguir.

Figura 4.1 – Ciclo de construção de conhecimento no construcionismo

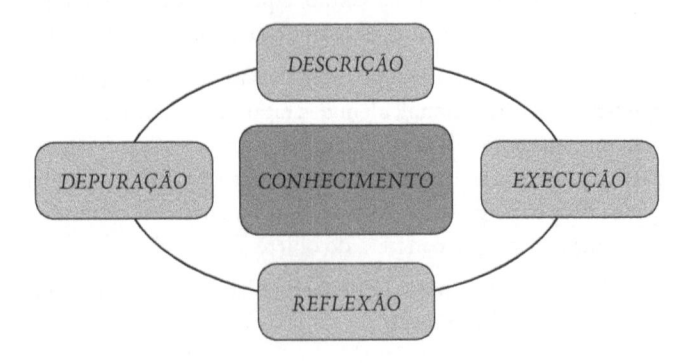

Fonte: Elaborado com base em Valente, 1993; Almeida, 1996.

De acordo com esse ciclo, podemos observar que, na concepção construcionista, para que haja construção de conhecimento, o indivíduo precisa articular as novas informações recebidas a partir da descrição dessas informações, colocando-as em prática (execução) e tecendo reflexões que abarquem e articulem novas informações e conhecimentos prévios do aprendente e se fundem na depuração de um novo conhecimento, em um ciclo que propicia a autonomia do aluno e que nunca acaba, pois um conhecimento depurado dá início a uma nova busca, uma nova pergunta, uma nova pesquisa.

Nessa proposição de dinâmica de aprendizagem, os alunos deixam de ser espectadores e passam a ser responsáveis por sua aprendizagem, desenvolvendo suas atividades, pesquisas, proposições e construções, estimulando sua criatividade, tendo o professor como um parceiro atuante.

4.4.3 O conectivismo e a aprendizagem

George Siemens (1970-) e Stephen Downes (1959-), pesquisadores canadenses, enfatizam que as teorias de aprendizagem que até então embasaram os preceitos da área mostraram-se insuficientes quando se pretende descrever as características dos sujeitos que aprendem, considerando-se especialmente a sociedade organizada em rede.

O *conectivismo*, como o próprio nome já sugere, relaciona-se à conexão, ou seja, às ligações que se originam nas redes, nos nós que a internet proporciona. Castells (2006, p. 7), sociólogo espanhol que se ocupou de estudar os reflexos de uma sociedade em rede, afirma:

> A Internet é o tecido de nossas vidas. Se a tecnologia da informação é hoje o que a eletricidade foi na Era Industrial, em nossa época a Internet poderia ser equiparada tanto a uma rede elétrica quanto ao motor elétrico, em razão de sua capacidade de distribuir a força da informação por todo o domínio da atividade humana. Ademais, à medida que novas tecnologias de geração e distribuição de energia tornaram possível a fábrica e a grande corporação como os fundamentos organizacionais da sociedade industrial, a Internet passou a ser a base tecnológica para a forma organizacional da Era da Informação: a rede.

Com a ajuda dos nós estabelecidos na rede, o conhecimento parte de um nível individual para um coletivo, não necessita fundamentalmente de uma organização formal e está sujeito a constantes transformações. Bates (2016, p. 99) evidencia que "o conhecimento no conectivismo é um fenômeno caótico em mutação, à medida que nós que vem e vão e que a informação flui através de redes que estão inter-relacionadas com uma miríade de outras redes".

Bates (2016, p. 100) fundamentado em Siemens (2004), apresenta como princípios do conectivismo:

> a) a aprendizagem e o conhecimento se apoiam na diversidade de opiniões;
>
> b) a aprendizagem é um processo de conectar nós especializados ou fontes de informação;
>
> c) a aprendizagem pode residir em dispositivos não humanos;
>
> d) a capacidade de saber mais é mais crítica do que o que é conhecido atualmente;
>
> e) nutrir e manter conexões é necessário para facilitar a aprendizagem contínua;
>
> f) a capacidade de enxergar conexões entre as áreas, ideias e conceitos é uma habilidade fundamental;
>
> g) a circulação (conhecimento atualizado e preciso) é a intenção de todas as atividades de aprendizagem conectivistas;
>
> h) A tomada de decisão é, em si, um processo de aprendizagem. Escolher o que aprender e o significado da informação obtida é visto através da lente de uma realidade em modificação. Embora haja uma resposta certa agora, ela pode estar errada amanhã, devido a alterações no ambiente das informações que afetam a decisão.

As comunidades que se estabelecem nas redes ou nós formam-se pela troca de informações e pela construção, desconstrução e permanente reconstrução de conhecimentos que podem a todo tempo ser editados, dilatados ou sintetizados para atender a distintas demandas.

A organização e o compartilhamento de conteúdos tornou-se possível a partir de inúmeras soluções tecnológicas desenvolvidas em formato de redes sociais ou comunidades colaborativas *on-line*. Entre estas, as mais utilizadas são:

- **Wikipedia**: Enciclopédia virtual que apresenta conteúdos de inúmeros assuntos. Ela é construída de modo colaborativo por especialistas de diversos campos do conhecimento. No entanto, não se constitui como fonte confiável para o desenvolvimento de pesquisas, por não apresentar um parecer científico ou fundamentado. Por ser aberta, pode ser editada por qualquer pessoa.

- **Wiki**: A base que permitiu a estruturação da *Wikipedia*, trata-se de um serviço que possibilita a diferentes usuários editarem um mesmo documento por meio da internet.

- **Weblog (ou blog)**: Originariamente era conceituado como um diário *on-line*, em que era possível a uma pessoa expor o seu dia a dia, publicando suas preferências, seus planos, enfim, sua rotina. Posteriormente, muitas instituições passaram a utilizar os *weblogs* para contatar possíveis clientes.

- **Fotolog**: Parecido com o *weblog*, porém, baseia-se em imagens, fotos, imagem gráfica.

- **Redes sociais**: O Facebook, criado em 2004, é uma das redes sociais mais utilizadas no mundo, contando com mais de um milhão de usuários. Trata-se de um *"website, que interliga páginas de perfil dos seus utilizadores. Tipicamente, é nestas páginas que os utilizadores publicam as mais diversas informações sobre eles próprios, e são também os utilizadores que ligam os seus perfis aos perfis de outros utilizadores"* (Correia; Moreira, 2014, p. 168). O Facebook também proporciona troca de imagens, vídeos e mensagens *on* e *off-line*. Outra rede social muito conhecida, o *Twitter*, tem a aparência de um *microblog* e permite que seus usuários contem o que estão fazendo no exato momento em que estão digitando, com um número limitado de caracteres.

- **Ambiente Virtual de Aprendizagem (AVA):** Plataforma particularmente pensada para a promoção de cursos, tanto na modalidade a distância quanto *blended*. Apesar de apresentarem especificidades, de modo geral, os ambientes virtuais de aprendizagem oferecem uma biblioteca de materiais (textos e vídeos) e atividades, além da possibilidade de contato (síncrono e assíncrono) entre seus partícipes.

Considerando o exposto, fica claro que, no conectivismo, a aprendizagem se refere ao "saber fazer junto". Ou seja, o sujeito aprende na medida em que relaciona os conhecimentos que já possui com os saberes de outras pessoas, ciente de que as próprias certezas poderão se desfazer e constituir, posteriormente, novas certezas à medida que ler, argumentar, sintetizar e dialogar com seus pares.

4.5 A inserção de tecnologias ao currículo e a formação de professores

Em virtude das transformações advindas do uso das tecnologias na educação, propositadamente temos de pensar na necessidade de evoluir as políticas de implementação dessas tecnologias ao currículo, as quais devem se interconectar às diversas instâncias que envolvem o sistema educativo. Nesse aspecto, todos os atores dos distintos cenários educacionais (educação básica, educação superior, educação profissional etc.) precisam, obrigatoriamente, estar envolvidos e dispostos a realizar uma mudança. A efetiva integração da tecnologia ao currículo vai muito além da mera inserção de ferramentas ou de recursos advindos das tecnologias.

Sob essa ótica, de acordo com Almeida e Valente (2016, p. 38),

> devem ser oferecidas oportunidades aos professores para a apropriação pedagógica das mídias e TIC, de modo que eles possam integrá-las aos processos de ensino, aprendizagem, desenvolvimento do currículo, avaliação e pesquisa sobre a própria prática, utilizando-as para atender às necessidades dos alunos. Com tais competências, os professores se tornam capazes de analisar por quê, para quê, com o quê, como e quando integrar esse conhecimento à prática pedagógica.

Almeida e Valente (2016, p. 38) salientam, ainda, que é substancial proporcionar a todos os envolvidos no processo educativo (gestores, professores, alunos, equipe pedagógica, membros do conselho da escola) que se mobilizem e elaborem um plano que articule "infraestrutura, recursos físicos, financeiros e de infraestrutura, tempo e espaço da escola", propiciando e encadeando o diálogo entre todos. Nesse contexto, cabe aos gestores liderar a implantação das tecnologias digitais no currículo escolar, com objetivos analisados, discutidos, avaliados e aprovados por todos os que pertencem à comunidade escolar.

Além de zelar pela inclusão de informações nas bases do sistema de ensino, o gestor e sua equipe devem analisar e utilizar as informações estabelecidas por essas bases e aplicá-las para o diagnóstico da instituição, assim como promover a tomada de decisões compartilhadas, organizando e estabelecendo o necessário diálogo com a comunidade, recorrendo, para isso, a diferentes canais, inclusive, às redes sociais.

> [...] integrar tecnologia ao currículo escolar constitui não apenas ensinar competências essenciais de informática ou empregar o computador em sala de aula. A integração, para se concretizar, precisa acontecer em todo o currículo de modo a permitir que a tecnologia contribua para um melhor aproveitamento no processo ensino-aprendizagem em sala de aula, aprofundando e reforçando esse processo. Essa integração é obtida quando o uso da tecnologia é rotineira e transparente, quando suporta objetivos curriculares. (Almeida, 2012, p. 74)

Essa integração exige diferentes estratégias pedagógicas que efetivamente sejam capazes de incrementar a interatividade na educação, transformando a maneira como os professores pensam e realizam seu fazer diário, oferecendo-lhes modelos distintos, novas ideias e recursos que possibilitem atingir todos os alunos, considerando as potencialidades que as tecnologias oferecem.

Almeida e Valente (2016, p. 41) analisam que "os conteúdos e recursos digitais que adentram os espaços escolares e interferem nas práticas de sala de aula se expandem por meio das tecnologias móveis com conexão sem fio à internet". Os autores salientam que essas tecnologias já fazem parte da vida desses alunos, e é isso o que suscita a necessidade de se repensar de que modo podemos integrar as tecnologias aos currículos, produzindo e compartilhando as informações veiculadas nas redes e, consequentemente, construindo conhecimentos.

Considerando nossa experiência de 15 anos com educação básica e formação de professores, incluindo pesquisas com esse público, podemos afirmar que os professores que atuam com educação básica compreendem que aliar a tecnologia ao currículo:

- permite diversificadas formas de interação: professor-aluno, aluno-professor, aluno-aluno;
- oferece informações variadas, superficiais ou aprofundadas, sobre todos os assuntos;
- torna a aula mais agradável e com maior interesse por parte dos alunos;
- expande a aprendizagem para além da sala de aula e da escola;
- favorece a socialização dos saberes;
- auxilia na inclusão digital tanto de alunos como dos próprios professores.

Contudo, conforme exposto na Figura 4.2, os professores apontam as muitas dificuldades que sentem ao organizar seus planos de aula visando o uso de tecnologias.

Figura 4.2 – Dificuldades dos professores quanto ao uso de tecnologias

> *Número de computadores insuficiente na escola, restringindo-se o seu uso aos laboratórios de informática, que exigem agendamento prévio.*

> *Falta de conhecimento para uso dos computadores (hardware) ou problemas técnicos apresentados pelas máquinas.*

> *Falta de qualificação profissional para uso dos softwares disponíveis para o ensino dos diversos conteúdos.*

> *Acesso a informações incompletas ou inadequadas para a faixa etária dos alunos.*

> *Cópia de trabalhos por parte dos alunos.*

De acordo com a figura, podemos observar que algumas dificuldades relacionam-se a questões que podem ser resolvidas com a oferta de cursos de qualificação para os docentes. Outras dificuldades, porém, demandam outras ações. Com relação ao primeiro tópico apontado, por exemplo, há uma dependência de aquisição de equipamentos e de espaço ou de uma melhor organização das escolas, para que todos tenham acesso aos computadores.

Já quanto à falta de conhecimento para a utilização das máquinas, é simples de resolver: basta oferecer um bom curso de formação e haver interesse por parte dos professores. Entretanto, os problemas técnicos que naturalmente os equipamentos apresentam necessitam de pessoal especializado para manutenção.

O terceiro tópico está estritamente relacionado à formação docente. Quanto mais cursos fizer, quanto mais se dispuser a acessar diferentes *softwares*, mais o professor se sentirá preparado para atuar com tecnologia na escola.

Mas não basta querer utilizar diferentes *softwares* para ensinar os conteúdos. É preciso saber relacionar tais ferramentas àquilo que se deseja ensinar. Para isso, no momento da organização do currículo, é necessário estabelecer os objetivos que se pretende alcançar às tecnologias disponíveis e acessíveis aos alunos, fazendo pesquisas, experimentando os recursos, verificando se atendem aos objetivos propostos.

Por fim, com relação à cópia, precisamos lembrar que, mesmo antes das tecnologias digitais se fazerem presentes na escola, uma considerável parte das pesquisas realizadas pelos alunos também se baseava em cópias. Textos de enciclopédias, livros e revistas eram literalmente copiados e entregues aos professores. A única diferença é que havia a necessidade de se fazer o exercício de copiar, registrar as palavras no papel; porém, essa prática não significava o aprendizado do aluno. Muitas vezes, acontecia de uma palavra ser copiada duas vezes, ou até uma frase ou um parágrafo inteiro, por puro descuido, denotando-se, assim, o mero exercício de reproduzir traços.

Sendo assim, a pesquisa, para se efetivar, pode partir de problemas levantados ou sugeridos pelos docentes para que os alunos localizem soluções, respostas adequadas a tais problemas. Essa busca por respostas em diferentes meios – internet, livros e revistas – caracteriza-se como **pesquisa**. A forma como colocamos no papel essas respostas também precisa ser trabalhada, e este é o momento de aprender a socializar o conhecimento construído nas leituras realizadas, nas comparações entre o que diferentes autores falam a respeito de um mesmo assunto, nos *insights* obtidos etc.

Para que as potencialidades das tecnologias digitais possam contribuir com o processo de ensino-aprendizagem, é necessário que haja qualificação docente, lembrando que, nesse contexto, as mudanças acontecem rapidamente. Assim, um professor que fez um curso de informática cinco anos atrás e que, por algum motivo distanciou-se da docência, ao retornar, sentirá a necessidade de buscar um novo aprimoramento, pois aquilo que aprendeu antes já não tem mais sentido.

Uma adequada formação de professores para a inserção da tecnologia ao currículo deve prever um conjunto de fatores, entre eles:

- um bom embasamento teórico sobre a qualidade da educação quando se combina tecnologia ao conteúdo do currículo;
- a experimentação da tecnologia em si, com um passo a passo de como a tecnologia e o currículo se organizam e funcionam em conjunto;
- a orientação do uso do *software* já relacionando-o aos conteúdos do currículo;
- discussões entre os participantes, as quais devem se estender para após o curso (considerando o momento em que tais tecnologias efetivamente estarão sendo utilizadas, pois é quanto as dúvidas surgirão);
- a análise dos desafios, dos limites e das possibilidades de distintas tecnologias na educação e a discussão sobre esses temas.

A aliança entre a tecnologia e o processo de ensino-aprendizagem adequadamente pensada e proposta na formação docente contribui para que a escola e os atores que nela contracenam possam avançar no que diz respeito à construção de conhecimento e à socialização de saberes, objetivo primeiro do ensino formal, sistematizado e organizado no currículo escolar.

Síntese

Iniciamos este capítulo explicitando alguns conceitos de tecnologia sob o ponto de vista de autores reconhecidos por suas contribuições à área, identificando que a tecnologia acompanhou a humanidade ao longo de toda a sua história, contribuindo com o desenvolvimento da sociedade.

Discutimos, também, as políticas públicas voltadas para o uso das tecnologias educativas, considerando os programas governamentais desenvolvidos para dar conta da implantação de tais políticas nas escolas e a necessária formação docente para atender a essa demanda, tendo em vista que as instituições de ensino passaram a utilizar o computador como um instrumento de aprendizagem.

Ainda, verificamos que, para a inclusão da tecnologia ao currículo, é preciso alinhar os conceitos de ensino-aprendizagem, além de favorecer a seleção da tecnologia adequada, tendo como ponto de partida os objetivos e a intencionalidade das atividades propostas, assim como o conteúdo a ser ensinado. Nesse contexto, apresentamos o uso das tecnologias com base em algumas abordagens educacionais, mais especificamente o construtivismo, o construcionismo e o conectivismo.

Por fim, apresentamos o contexto do uso das tecnologias da educação e a questão da formação de professores, lembrando que a integração da tecnologia ao currículo exige distintas estratégias pedagógicas, bem como que os professores necessitam se apropriar dessas estratégias para dar conta de suas tarefas. Além de desejar fazer uso de diferentes mídias no ensino dos conteúdos, é preciso saber como relacionar adequadamente tais mídias aos conteúdos que se pretende ensinar.

Indicações culturais

TV CULTURA. Escola 2.0. Direção: Caetano Caruso. Brasil, 2012. Disponível em: <http://tvcultura.com.br/busca/?q=escola+2.0>. Acesso em: 21 ago. 2018.

É interessante assistir a alguns episódios do Programa Escola 2.0, elaborado e apresentado pela TV Cultura e que possui características que se fundam no universo da tecnologia. A produção apresenta tanto cenários repletos de tecnologias, que permitem conexões a qualquer tempo, quanto, por exemplo, um prédio de uma escola tradicional em que grande parte das cenas se passa, demonstrando que elementos aparentemente tão antagônicos podem ser complementares e que um não necessariamente anula o outro, assim como ocorre na vida real. A série mostra, ainda, que os jovens não precisam de uma disciplina no currículo para aprender a utilizar a tecnologia. Pelo contrário, bastam poucos minutos observando um colega utilizar um programa ou novo aparelho ou, ainda, tateando tal tecnologia para que a dominem rapidamente

Atividades de autoavaliação

1. São tecnologias que podem ser utilizadas dentro da sala de aula:
   a) Computadores.
   b) *Tablets*.
   c) Quadro-negro.
   d) Todas as anteriores.

2. Sobre os pensamentos de Álvaro Vieira Pinto (2005, p. 702), assinale (V) para as asserções verdadeiras e (F) para as falsas.
   ( ) A tecnologia é sempre um bem.
   ( ) A tecnologia constitui um acréscimo ao conhecimento humano.
   ( ) A tecnologia é um aspecto da manobra da hominização.
   ( ) A tecnologia, sendo propriedade social, em sentido econômico e ético, representará um benefício para o homem se a sociedade que a engendra e utiliza for, ela própria, um bem para o homem.

   Agora, assinale a alternativa que apresenta a sequência correta:
   a) V, F, F, V.
   b) F, V, F, V.
   c) V, V, V, V.
   d) F, F, V, V.

3. Sobre tecnologia, assinale a alternativa correta:
   a) A tecnologia, antes ainda de ser algo necessário, deve ser algo útil.
   b) A adoção da tecnologia assegura que o processo de ensino-aprendizagem ocorra de modo melhor.
   c) A tecnologia torna o mundo mais democrático.
   d) É preciso estar preparado para empregar do melhor modo a tecnologia.

4. Em 1968, Skinner publicou a obra *Tecnologia do ensino* para apresentar estudos sobre a aprendizagem. Nela, o autor defendeu que os alunos podem aprender sozinhos, utilizando-se de um material didático organizado para essa finalidade e que lhes forneça respostas que os estimulem à medida que constroem novos conhecimentos. A essa organização, Skinner atribuiu o nome de:
   a) máquinas de aprendizagem.
   b) instrução organizada.
   c) material programado.
   d) tecnologia aplicada.

5. Sobre o construtivismo, assinale (V) para as asserções verdadeiras e (F) para as falsas.
   ( ) Advém da psicologia do desenvolvimento.
   ( ) Sua principal referência é Jean Piaget.
   ( ) É proposto por Seymour Papert.
   ( ) É possível analisar o objeto construído a partir de uma estruturação mental.

   Agora, assinale a alternativa que apresenta a sequência correta:
   a) V, F, V, F.
   b) V, V, F, F.
   c) F, V, F, V.
   d) F, F, V, V.

Atividades de aprendizagem

Questões para reflexão

1. Para o filósofo francês Pierre Lévy (1999, p. 127), "as tecnologias são produtos de uma sociedade e de uma cultura". Reflita por que a obra desse autor é importante e considere, para sua reflexão, os três princípios essenciais que orientaram o crescimento inicial do ciberespaço.

2. Sobre a introdução das tecnologias digitais de informação e comunicação no currículo escolar, explique brevemente quando aconteceu e como aconteceu, citando pelo menos duas universidades em que foram implantados centros de informática em educação.

Atividade aplicada: prática

1. Maria Elizabeth Bianconcini de Almeida (2005) é um dos autores que alertam para o fato de que as práticas pedagógicas aliadas ao uso de tecnologias digitais de comunicação e de informação podem envolver o instrucionismo. Com base nos conhecimentos adquiridos neste capítulo, elabore um fichamento que contenha as principais características do instrucionismo. Você também poderá complementar seu fichamento com informações advindas de outras pesquisas.

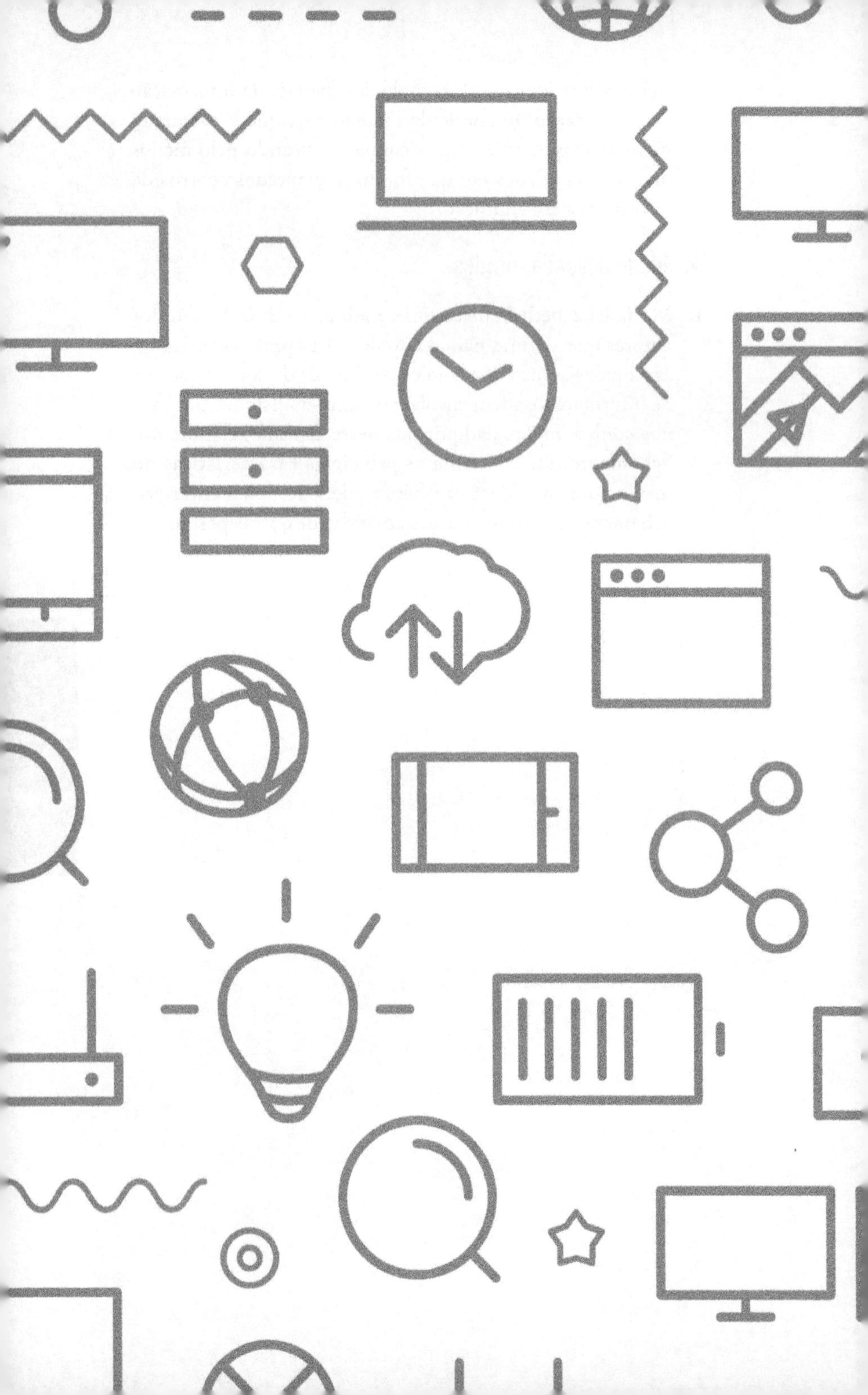

5 Debates contemporâneos acerca do currículo

Contemporaneamente, muitos curriculistas têm se debruçado acerca do tema currículo, considerando o atual contexto que nos cerca. É preciso, então, como responsáveis pela educação em nosso país, que reconheçamos esses autores em seus discursos e que possamos perceber o quanto eles são importantes para o desenvolvimento de nosso trabalho docente.

Por isso, ao longo deste capitulo, debateremos o que é um conhecimento válido e o que poderia compor um currículo direcionado para o futuro. Além disso, compreenderemos por que alguns autores classificam o conhecimento escolar como reduzido aos interesses políticos de uma sociedade que tem, assim, o poder de escolher um conhecimento em detrimento de outro.

Entre os autores com que trabalharemos, destacamos Ivor Goodson, Michael Young, Michael Apple e Gimeno Sacristán. Assim, iniciaremos este capítulo com a visão do curriculista Michael Young, para quem o conhecimento tem deixado de ser o papel central nos processos educativos formais, embora ainda se afirme que um número cada vez maior de profissões exigirá formação superior futuramente. Young defende que até existe oportunidade para acesso à educação superior, porém, não há expansão de recursos, o que coíbe tal acesso. Vamos entender como isso ocorre?

5.1 A abordagem curricular sob o ponto de vista de Michael Young

Por muitos anos, consideramos que o desenvolvimento econômico, por si só, poderia trazer uma justa distribuição de renda e, com isso, a melhora do conforto e do bem-estar da população. Desse modo, garantiríamos um amadurecimento no que diz respeito à educação e à cultura, condições que possibilitariam a tão almejada democracia. O que se observou nos últimos anos, no entanto, foi que o célere desenvolvimento econômico levou à concentração de renda por uma pequena parcela da população e, consequentemente, a um aumento da desigualdade de oportunidades em muitas partes do mundo, inclusive em nosso país.

Green (2009, p. XXIII) esclarece que é preciso um esforço sistemático para organizar a sociedade, provendo a seus atores informação e poder, de modo a viabilizar a promoção de ideias e conhecimentos "que não provenham tanto dos gabinetes, mas sim da experiência direta daqueles que vivem o problema na carne".

Amartya Sen, um economista indiano que se voltou para os problemas que envolvem a humanidade, destaca a liberdade como uma chance disponibilizada aos indivíduos para que realizem suas escolhas e, com isso, possam exercer sua cidadania. Sen (2000, p. 10) analisa que, "para combater os problemas que enfrentamos, temos de considerar a liberdade individual um comprometimento social". São numerosas as adversidades que devastam o mundo, e o desenvolvimento é fundamental para o processo que o autor chama de *expansão da liberdade*, restaurando a dimensão ética e política dos problemas econômicos enfrentados pela população (Almeida, 2012, p. 134).

Da leitura desses três autores, Green, Freire e Sen, podemos perceber que o conhecimento privilegia a liberdade, pois, para escolher, é necessário conhecer inicialmente quem somos, as alternativas que temos, quais benefícios e limites nos são oferecidos, assim como os resultados que podemos esperar de todas as escolhas que fizemos (e até mesmo das que não fizemos).

É nessa mesma perspectiva que o curriculista Michael Young delineia suas ideias sobre o currículo. Sociólogo, professor emérito do Instituto de Educação da Universidade de Londres,

Young discute os processos de seleção de conteúdos, construção e organização dos componentes do currículo. Para ele, a função precípua da educação é a promoção da capacidade intelectual dos alunos, tendo por fundamento o que o autor conceitua como "conhecimento poderoso", que se refere àquele saber intrinsicamente relacionado com as diversas áreas do conhecimento na educação superior e com as disciplinas escolares na educação básica.

Em 1971, o autor editou a obra *Conhecimento e controle: novas direções para uma sociologia da educação*, que se tornaria significativa no modo de entender o currículo. O autor reuniu, além de suas produções, escritos de Pierre Bourdieu, Basil Bernstein e outros sociólogos da educação que se opunham à concepção tecnicista do currículo, a qual se assentava nas melhores estratégias para garantir que se alcançassem os objetivos da escolarização formal, pensando um currículo para este fim.

Essa nova sociologia da educação apresentou

> uma nova forma de analisar o currículo, que incidia exatamente sobre as escolhas que se fazia para definir o que deveria ser ensinado, afirmando que a seleção de conhecimento definida era a expressão dos interesses dos grupos que detinham maior poder para influir nessa definição. Assim, de uma visão de currículo supostamente neutra, não problematizadora das escolhas realizadas em torno do conhecimento, passava-se a uma visão crítica dessas escolhas, que claramente assumia o viés político da temática do currículo. (Galian; Louzano, 2014, p. 1111)

Michael Young (2010b, p. 20) considera "que o currículo deve ter um papel central nas políticas educacionais em oposição à recente tendência para ressaltar relevância das metas, resultados e participação mais ampla a todo custo". O autor entende, ainda, que educação e conhecimento são indissociáveis. Assim, o conhecimento e, particularmente, o currículo não são apenas dados, mas construções sociais em que há uma necessidade de se reintegrar o que concerne ao conhecimento à teoria do currículo, quando equiparado a assuntos que envolvem a avaliação e a orientação que se tem feito essência nos estudos *stricto sensu*.

Com isso, faz-se necessário enaltecer que a construção do conhecimento é o aspecto fundante que distingue a grande área denominada *educação*, seja ela de qualquer nível ou modalidade, de todas as outras atividades que se estabelecem nos espaços formais de educação.

Young nos convida a debater sobre o currículo salientando que até mesmo os seus estudos na década de 1970 contribuíram para a marginalização do conhecimento. O autor defende que há uma distinção clara estabelecida entre uma teoria fundamentada no conhecimento que formalmente é instituído e trabalhado no currículo das instituições escolares ou das universidades e o conhecimento prático ou de senso comum que concebemos a partir de nosso cotidiano (Young, 2010b).

Sob essa ótica, o autor explicita:

> A maioria das pessoas gostaria que [o conhecimento] fosse útil e muitas gostariam que fosse fácil. No entanto, o primeiro não acontece frequentemente e raramente o segundo. A questão importante sobre o conhecimento é como ser verdadeiro, ou seja, que possamos aprender ou buscar a verdade ou as verdades no melhor modo em qualquer campo. Isto é o propósito da educação ou, mais especificamente, das universidades. Em outras palavras, a educação pressupõe a possibilidade de conhecimento e também a verdade. (Young, 2010b, p. 23)

Nesse contexto, o currículo assentado em matérias – Matemática, História, Biologia etc. –, pensado no final século XIX, apresentava confiabilidade, considerando sua relação com as instituições da alta sociedade, e era fundamentado:

- na fragmentação entre o conhecimento aprendido na escola e o obtido no cotidiano;
- na supervalorização do currículo escolar em detrimento das experiências de vida das pessoas;
- na opção por conhecimentos escolhidos por especialistas, não englobando apenas as práticas docentes, mas aquilo que pesquisadores e professores das universidades compreendiam como necessário (Young, 2010a).

Young (2010b, p. 26) ressalta, ainda, que "as críticas radicalistas do currículo baseado no conhecimento têm uma relevância atual por causa da sua nova credibilidade mais ampla, e não relacionado aos movimentos esquerdistas". Ou seja, por um lado, existe uma inquietação entre a flexibilidade do currículo e o desejo de inovação entre as fundamentais esferas da economia e da sociedade contemporânea; por outro, o rigor do currículo reconhecido e elaborado pelos mentores das esferas que envolvem políticas públicas.

O autor ressalta, ainda:

> Para os reformadores, as divisões curriculares podem representar barreiras às mudanças, especificamente aos grupos não privilegiados e associados às instituições das elites. Mas talvez nós estejamos presos à armadilha com duas alternativas inaceitáveis. A primeira consiste no ponto de vista dos direitistas, acreditando que essencialmente o conhecimento é um dado e que as tentativas para alterar a estrutura disciplinar estão destinadas a conduzir a um processo de idiotização. A segunda opinião ("modernista") afirma que estamos obrigados a permitir que o currículo aceite as exigências do mercado para receber mais possibilidades e mais opções em relação ao emprego, independente das consequências para os aprendizes. (Young, 2010b, p. 27)

Para o autor, se isso se configurasse como uma armadilha, os educadores seriam, em parte, responsáveis, considerando que seria um produto resultado de uma ausência de reflexão teórica. Além disso, segundo o autor:

> Em um contexto político mais amplo, no qual se dá muita importância às notas dos alunos e aos resultados de testes e no qual as escolas podem ser hierarquizadas nacionalmente segundo o número de alunos que recebem certificados, não é exagero sugerir que o currículo em si está tornando-se cada vez mais uma forma de prestar contas em vez de ser um guia para professores. (Young, 2011, p. 613)

Desse modo, Michael Young considera que o currículo deve ter um papel central nas políticas educacionais em oposição à recente tendência para ressaltar a relevância das metas ou, ainda, de resultados. Logo, o currículo precisa ser entendido como uma referência a orientar o papel docente em seu fazer diário.

5.1.1 Michael Young e os conceitos de insularidade e hibridação no currículo

Neste tópico, verificaremos como o autor em questão pensa e incrementa a caracterização do que considera os currículos do "passado" e provavelmente do "futuro" sob o ponto de vista do que chama de *princípios de insularidade* e de *hibridação no currículo*.

O autor salienta ser obrigatório ter certeza de quais são os conhecimentos que se deseja priorizar na escola, ou seja, o que se espera que os alunos aprendam. Eis, aqui, o ponto de partida, segundo o autor. É preciso também lembrar que não é possível desenvolver ou delinear um currículo que não tenha suas bases fortalecidas na formação e no desenvolvimento dos professores. Por esse ângulo, percebemos que há uma interdependência entre o currículo que se deseja e a formação dos professores que o terão como proposta efetiva de trabalho. Em uma entrevista concedida a Galian e Louzano e publicada em artigo dos autores, Young assegura que,

> em suma, qualquer reforma curricular **deve** ser uma colaboração entre um organismo curricular nacional e as várias associações profissionais de professores, principalmente aquelas relacionadas às disciplinas específicas. Também deverá envolver vários especialistas das universidades e assim por diante. **Precisa** ser assim. É o único jeito de realizar uma reforma curricular. (Galian; Louzano, 2014, p. 1122, grifo do original)

O **princípio de insularidade**, que teve seu auge no século XVIII – mais precisamente com os primeiros laboratórios de pesquisa e com as disciplinas que se estabeleceram como a base do currículo nas universidades do início do século XIX –, evidencia as distinções entre o conhecimento teórico e o conhecimento de senso comum, rejeitando que tais classificações sejam mero reflexo das tradições estabelecidas no passado. O princípio da insularidade afirma "que as condições para a produção do novo conhecimento constrangem as possibilidades por inovação curricular" (Young, 2010b, p. 27).

Apesar disso, o autor analisa que é possível empregar o princípio da insularidade sem censurar a defesa do currículo oficial, pois esta se aproxima das relações que se fazem entre os conteúdos. Ou seja, a insularidade se baseia na necessidade de que haja uma demarcação entre os campos do conhecimento e entre o que se considera teórico e senso comum ou cotidiano; não defende, portanto, uma lista de matérias.

Por sua vez, o que o autor chama de princípio *de hibridação* é mais recente. Nesse princípio, rejeita-se a ideia de que os limites entre as disciplinas revelem os elementos constitutivos do conhecimento, considerando-as como um produto dos acontecimentos e dos interesses históricos. Para Young, aos apreciadores da hibridação, "qualquer coisa combina com qualquer coisa... um tipo de utopia modular!" (Young, 2010b, p. 28)

Se for considerado assim, o currículo poderá favorecer objetivos políticos que se fundamentem na igualdade e na justiça social, pois a inclusão requer uma legalização do currículo enquanto conhecimento e experiência para aqueles que habitualmente são excluídos do processo de educação formal. Desse modo, as decisões acerca do currículo vão depender de distintos fatores, dentre eles, das pressões advindas do mercado, ou seja, de prioridades políticas, e não propriamente pedagógicas.

O autor conclui, então, o que poderia ser considerado o resultado da tensão entre o princípio da insularidade e o princípio da hibridação:

1. Insularidade:

    a) conservadorismo;

    b) defesa de privilégio;

    c) aceitar de maneira híbrida as pressões da economia;

    d) desaparecimento progressivo do currículo das disciplinas;

    e) enfraquecimento do papel autônomo e crítico das escolas.

2. Hibridação:

    a) separar os aspectos do currículo do cotidiano;

    b) futuro da homogeneidade crescente (aquisição e produção do conhecimento não são fenômenos distintos);

    c) "novas divisões entre as instituições elitistas com a capacidade de manter os currículos baseados em disciplinas e instituições de massa pressionadas a desenvolver currículos orientados às exigências econômicas e políticas" (Young, 2010b, p. 30).

5.1.2 O currículo do futuro

Considerando os aspectos observados e elencados nos dois princípios (insularidade e hibridação), Young apresenta e avalia que, para um currículo do futuro, uma abordagem alternativa envolveria aspectos distintos, conforme descritos na Figura 5.1.

Figura 5.1 – Aspectos para uma abordagem alternativa

Ponto de vista conservador

Rejeitar o ponto de vista conservador de que o conhecimento é dado e de qualquer forma, independente dos contextos sociais e históricos nos quais se desenvolve.

Produção do conhecimento

Considerar que o conhecimento é produzido e adquirido socialmente em certas épocas históricas e em um mundo caracterizado por interesses competitivos e lutas de poder.

Propriedades do conhecimento

Reconhecer que existem as propriedades emergentes do conhecimento que ultrapassam a conservação dos interesses dos grupos específicos.

Conhecimento como prática social

Rejeitar uma noção do conhecimento como simplesmente um outro conjunto das práticas sociais.

Diferenciação entre os campos

Para essa abordagem, a diferenciação não somente entre os campos, mas também entre o conhecimento teórico e o cotidiano, é fundamental para justificar a educação, embora a forma e o conteúdo da diferenciação não sejam estáveis e se transformem.

Fonte: Elaborada com base em Young, 2010b.

Considerando tais aspectos, o desafio que se impõe para as teorias que embasam os currículos é conceber o caráter de distinção e, ainda, compreender como organizá-los de modo a estabelecer suas bases sem gerar inconsistência no que concerne aos objetivos propostos, especialmente em relação a questões como a igualdade e a participação dos envolvidos.

Young (2010b, p. 33) ressalta que o currículo do futuro deve abordar o conhecimento como uma unidade específica, e não restrito às alterações dos recursos requeridos pelos sujeitos para fazer sentido no mundo. O "currículo do passado", conforme o autor, assegurava que o melhor modo de se transmitir e obter conhecimento ocorreria de forma isolada e seria coerente com a disciplina a que se referia, guiando-se pela objetividade e credibilidade entre os especialistas de cada área. Para um currículo do futuro, o autor sugere que é preciso haver uma consolidação das bases curriculares, estabelecendo uma relação segura entre o que se ensina nas instituições de ensino e o que se experiencia na prática, no mercado de trabalho ou no cotidiano dos alunos.

5.2 A abordagem curricular sob o ponto de vista de Gimeno Sacristán

Outro curriculista importante contemporaneamente é Gimeno Sacristán, professor de didática e de organização curricular em importantes universidades da Espanha, entre elas, a de Valência, de Madrid e de Salamanca. Em suas obras, o autor trata de temas como currículo, cultura, processos de ensino-aprendizagem e, de modo mais geral, educação. Além disso, oferece ideias e propostas, bem como novos entendimentos oriundos de consensos, além de dilemas que precisam ser considerados nas discussões acerca do currículo.

Gimeno Sacristán é enfático ao afirmar que o currículo não pode ser considerado um conceito teórico, mas, essencialmente, como um instrumento de regulação das práticas docentes. Por meio dele, é possível abrir discussões e novos olhares sobre as nossas concepções acerca da educação no presente e de seu valor no passado. Mais ainda, no currículo consta o que pensamos para o futuro da educação, considerando-se que ele reflete o que desejamos ensinar aos nossos alunos e, ainda, o que eles precisam saber para viver nessa sociedade do futuro.

Nessa concepção, o currículo é o que dá forma à educação e, simultaneamente, é instituído pela realização das práticas docentes. Resumidamente, Gimeno Sacristán (2013, p. 10) define *currículo* como "o conteúdo cultural que os centros educacionais tratam de difundir naqueles que os frequentam, bem como os efeitos que tal conteúdo provoca em seus receptores". A escola que não contém um conteúdo cultural é, nas palavras do autor, "vazia, irreal e irresponsável" (Gimeno Sacristán, 2013, p. 10).

Toda escola tem um conteúdo cultural para ensinar, e o currículo permeia a estrutura desse conteúdo, sendo a ponte entre a cultura e a sociedade, por um lado, e entre ambas e a escola, por outro. Mesmo os problemas que afetam a escolarização, como fracasso escolar, falta de motivação dos alunos e indisciplina, e os relacionamentos estabelecidos entre docentes e alunos, bem como entre a escola e a comunidade que a cerca, envolvem temas que, de alguma maneira, têm relação com o currículo. Se os interesses dos alunos não encontram eco na cultura proposta na escola, eles se mostrarão desmotivados, alheios a essa cultura.

O conceito de currículo por muito tempo foi pensado a partir de seu poder regulador, conforme exposto na Figura 5.2.

Figura 5.2 – O poder regulador do currículo

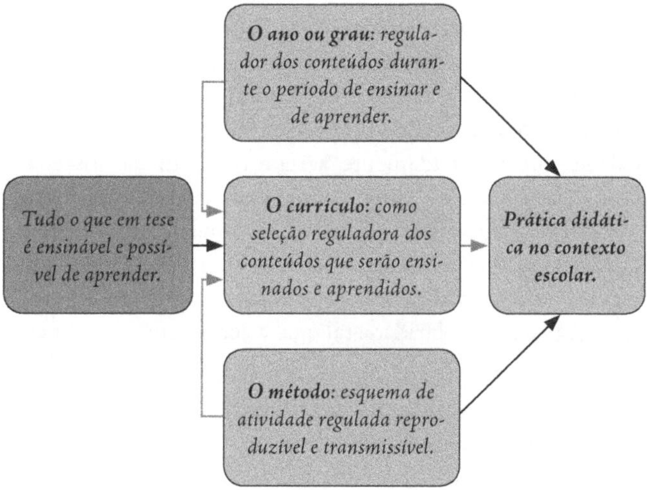

- *O ano ou grau:* regulador dos conteúdos durante o período de ensinar e de aprender.
- Tudo o que em tese é ensinável e possível de aprender.
- *O currículo:* como seleção reguladora dos conteúdos que serão ensinados e aprendidos.
- *O método:* esquema de atividade regulada reproduzível e transmissível.
- Prática didática no contexto escolar.

Fonte: Gimeno Sacristán, 2013, p. 18.

Por meio dessa imagem, podemos perceber que, no momento em que se organiza o currículo, regula-se também o seu conteúdo: o que se quer ensinar e o que de fato se aprende; os períodos letivos para o processo de ensino-aprendizagem; os conteúdos; os limites das disciplinas; a orientação da prática que se exige para o seu desenvolvimento.

> Buscando a gênese desse conceito antigo e consolidado e considerando o acúmulo de significados que vêm sendo sobrepostos a ele, chegamos a uma primeira conclusão: o currículo proporciona uma ordem por meio da regulação do conteúdo da aprendizagem e ensino na escolarização moderna, uma construção útil para organizar aquilo do qual deve se ocupar a escolarização e aquilo que deverá ser aprendido. À capacidade reguladora do currículo foram agregados os conceitos de **classe**, **grau** e **método**, cujas histórias estão entrelaçadas, formando todo o dispositivo para normalização do que era ensinado ou deveria ser ensinado, como fazê-lo, e, uma vez que se fazia uma opção, também fiava determinado aquilo que não se podia ou não se deveria ensinar nem aprender. (Gimeno Sacristán, 2013, p. 19, grifo do original)

Assim, subdividir os alunos em classes seria o caminho ideal a se seguir para justificar a alocação dos sujeitos considerando sua diversidade de idades e de conhecimentos. Estabelecer a organização do conteúdo proporcionaria uma sequência de atividades que, ordenadamente, seriam reproduzidas (ou ensinadas). A atribuição de títulos como curso ou grau caracterizaria a opção pelo tempo de escolaridade em uma ordenação, sempre obedecendo uma escala ascendente de etapas. Esse conjunto de regras e normas estabeleceu assim, a estrutura e o funcionamento pedagógico da escolaridade tal qual a conhecemos atualmente.

Gimeno Sacristán (2013, p. 23) também afirma que o currículo escolar não é "algo neutro, universal e imóvel", pois, como professores, coordenadores e representantes da escola, podemos escolher o conteúdo a ser ensinado e, ainda, o modo como pretendemos apresentá-lo aos nossos alunos. Sobre esse território chamado *currículo*, decisões são tomadas, escolhas são feitas e ordens de todos os tipos são aceitas. O currículo não é apenas um papel, mas sim a implementação e a busca por resultados criteriosamente pensados.

A opção pelos conteúdos que compõem o currículo, como já observamos, não é neutra e depende de distintos critérios. Com isso, o currículo regula os conteúdos a serem ensinados e ainda faz sua distribuição social. Assim, um conteúdo passa a ser válido e fundamentado quando desfruta da aprovação social daqueles que detêm o poder para estipular sua validade. Desse modo, o berço do currículo é a cultura que a sociedade impõe. Logo, interessa-nos saber que cidadão precisamos formar para essa sociedade – esse sujeito é, ao mesmo tempo, produto e produtor.

Observamos como componente curricular obrigatório na educação básica o cuidado com a natureza, por exemplo. A todo momento, ouvimos notícias alardeando problemas inerentes a essa questão, como falta de água ou excesso de chuvas, desmatamentos, poluição manifestada em várias formas (sonora, nos rios, no ar, na terra) etc. Da mesma forma, discutimos a reciclagem do lixo, pesquisamos sobre biocombustíveis, tecnologias limpas... Enfim, há uma gama de saberes que circundam tal assunto. Tudo isso chega até a sala de aula, denotando que o currículo e a sociedade se influenciam mutuamente.

Gimeno Sacristán e Pérez Gómez (1998) salientam que a cultura de uma educação nominada como *obrigatória* deve se colocar a serviço do estudante, pois que é ele quem se relaciona com a sociedade na qual deve interagir e participar. Logo, ele precisa entendê-la, comprometer-se com sua transformação e ter habilidade para nela agir. O currículo dito *comum* é polivalente e não prepara especificamente para nada, centrando-se em competências gerais.

O conhecimento para a compreensão do mundo e dos problemas que o cercam parece não caber no currículo socialmente elaborado. Assim, o que mais importa acaba ficando em segundo plano. Os profissionais que se destacam por alguma especialidade nas ciências sociais ou naturais encontram-se "mais ocupados em elaborar e revisar conhecimentos de acordo com os parâmetros que reinam em sua especialidade, ou escola científica, do que em ver como um cidadão/dã comum pode ter acesso a essas parcelas de cultura e utilizá-las para entender e se desempenhar pessoalmente na sociedade" (Gimeno Sacristán; Pérez Gómez, 1998,

p. 182). São esses especialistas que ditam qual saber é valioso a ponto de ser inserido em um currículo escolar.

A escolaridade que se designa como obrigatória, pensada e dirigida a um público classificado como heterogêneo, requer uma pluralidade de tarefas e de atividades para agregar oportunidades a distintos interesses, padrões de aprendizagem e modos de aprender, sendo necessário considerar o que Gardner (1995) conceitua como inteligências múltiplas. Do modo como são distribuídos os conteúdos no currículo e os alunos nas classes, dificilmente o docente tem a oportunidade de priorizar diferentes metodologias de forma a atender ao modo distinto com que cada um aprende. Além disso, a organização do currículo é um processo que depende de escolhas e de intenções que, portanto, não podem ser totalmente previstas antes de sua realização.

5.3 Outros teóricos que se debruçaram sobre o currículo

Neste tópico, apresentaremos outros três teóricos que pensaram (e pensam!) sobre o currículo, fazendo deste seu campo de pesquisas e de trabalho. São eles o britânico Ivor Goodson, o espanhol Jurjo Torres Santomé e o também espanhol Miguel Arroyo, que atua em uma universidade brasileira.

5.3.1 Ivor Goodson

Nos últimos 30 anos, Ivor Goodson se debruçou sobre conceitos importantes da educação, mais especificamente do currículo, publicando mais de 50 livros e 600 artigos nessa área. Foi docente em renomadas universidades britânicas, canadenses e norte-americanas.

O currículo educacional do modo como o conhecemos hoje é fruto de um percurso histórico em que conflitos sociais, políticos e econômicos, rupturas e ambiguidades se fizeram presentes. É nessa perspectiva histórica que os conceitos de Goodson a respeito do currículo se delineiam. Em sua obra *Currículo: teoria e história*, o autor compila artigos de sua autoria sob o prisma da relevância da história do currículo para o desenvolvimento dos estudos acerca da escolarização.

No capítulo inicial de tal obra, Goodson (1995) expõe que o currículo é essencial para a análise da escolarização. O autor se concentra no que ele chama de **currículo pré-ativo**, definido como aquele que possibilitará a nossa compreensão acerca dos interesses sociais que o envolvem, assim como nos dará parâmetros para uma efetiva ação no ambiente escolar, considerando a sala de aula e a escola como um todo. Por esse aspecto, o currículo se traduz como construção social que se desenvolve na ação e que se fundamenta na seguinte tríade: tempo, lugar e contexto histórico.

O autor afirma que os estudos históricos acerca do currículo demonstraram que as disciplinas, com o passar dos anos, deixaram de ocupar uma posição inferior, passaram por um estágio considerado utilitário e se tornaram conjuntos minuciosos e sistemáticos de conhecimentos. Essa organização se iniciou no conteúdo, para, em sequência, estabelecer-se de modo acadêmico, buscando a aferição de notoriedade por seus pares e na sociedade – tornando-se, por fim, disciplinas.

A comunidade disciplinar, para Goodson (1995), compõe-se de docentes e pesquisadores especialistas das áreas científicas às quais pertencem e que discutem não só o currículo, mas também a formação daqueles que deverão dar conta do currículo proposto. Sob essa ótica, o desenvolvimento do docente é promovido pelo currículo.

5.3.2 Jurjo Torres Santomé

Torres Santomé atua na Universidade da Corunha, na Espanha, ministrando a disciplina de Didática e organização escolar. Seu campo de pesquisas reflete temas que debatem a sociologia do currículo e a relação entre a interdisciplinaridade e o currículo integrado.

Para esse autor, o acesso à informação poderia estar muito mais democratizado se contasse com o apoio dos professores na escola, que precisam se dedicar mais a ensinar seus alunos a localizar uma informação, a analisar criticamente se ela corresponde à verdade e, ainda, levá-los a aprender que é possível manipular uma informação, desfigurando-a ou ocultando-a, de modo a beneficiar ou prejudicar alguém com isso.

A mídia em geral e a própria escola, segundo Torres Santomé (2013), explicitam que o conhecimento só pode ser construído por intelectuais, bem como que as pesquisas, para sua realização, exigem locais altamente preparados, com tecnologia de ponta e laboratórios experimentais sofisticados. O conhecimento escolar, aos olhos dos alunos, é abstrato e parece desnecessário para o dia a dia de qualquer pessoa. O autor salienta, ainda, que, pela primeira vez em toda a história da humanidade, os adultos estão aprendendo com os mais jovens.

Na perspectiva do estudioso, essa desvalorização do que é ensinado na escola relaciona-se intimamente com a forma como o conteúdo é apresentado: desconexo e desfragmentado em disciplinas que embaçam o seu verdadeiro significado. Epistemologicamente, *conhecer* significa estabelecer uma relação entre um sujeito e um objeto. Disso, depreendemos que só é possível aprender alguma coisa se conseguirmos estabelecer uma relação com aquilo que nos é apresentado. Precisamos verificar sua funcionalidade, ou seja, para que precisamos daquele determinado conhecimento. Se não fizer sentido, poderemos decorá-lo, memorizá-lo e esquecê-lo em seguida.

Uma estratégia sugerida por Torres Santomé (2013) é converter o conhecimento em algo relevante e significativo por meio de um currículo interdisciplinar:

> É trabalhando com estruturas de conteúdos mais interdisciplinares que faremos com que os alunos, dia após dia, aprendam a se fazer perguntas mais complexas; que não tenham medo de experimentar, de explorar novos caminhos que esses saberes lhes abram. É desse modo que melhor podemos garantir uma autêntica educação de pessoas democráticas, reflexivas e críticas. (Torres Santomé, 2013, p. 85)

Além dos conteúdos, o currículo deve enfocar outros aspectos, como a inclusão e a valorização dos sujeitos, dos grupos e das culturas que permeiam a sociedade. As salas de aula se constituem em espaços apropriados de discussão sobre esse tema, para que as novas gerações possam construir o mundo a partir de novos olhares e novas possibilidades.

5.3.3 Miguel González Arroyo

Miguel Arroyo nasceu em Burgos, na Espanha, mas veio ainda jovem para o Brasil, onde se formou em Ciências Sociais pela Universidade Federal de Minas Gerais (UFMG). É doutor em Educação pela Universidade de Stanford e pós-doutor, também em Educação, pela Universidade Complutense de Madrid. O autor já publicou várias obras sobre currículo e seus estudos giram em torno da educação integral.

Na visão desse autor,

> somos forçados ou optamos por mudar por sermos outros como profissionais do magistério, submetidos a políticas e diretrizes, a condições de trabalho, carreira e salários, a avaliações, relações sociais e interesses políticos. Somos nós mesmos resultado das tensas relações em que a educação e nosso trabalho estão inseridos. (Arroyo, 2013, p. 9)

Na obra *Currículo, território em disputa*, o autor questiona quais são os territórios e em que disputas conformamos quem nós somos, enaltecendo que o currículo é um território de disputas por reconhecimento tanto do docente quanto dos estudantes.

Arroyo (2013) esclarece que o currículo se delineia como o núcleo estruturante da função da instituição escolar, sendo, portanto, o território mais normatizado, mais politizado, mas ressignificado, considerando-se a quantidade de diretrizes curriculares estabelecidas para as educações básica e infantil, os ensinos fundamental e médio, a educação de jovens e adultos (EJA), a educação indígena, a educação do campo, as questões étnico-raciais, a formação docente, entre outros.

Outro desdobramento importante que desvela o currículo como ponto nevrálgico são as políticas de avaliação tanto do que ensinamos quanto das próprias instituições em que ensinamos. Muitas são as políticas oficiais de âmbito nacional e internacional que cercam o tema.

Após ouvir muitos depoimentos de professores sobre a identidade do profissional docente, Arroyo (2013, p. 24) conclui: "Toda mudança de identidade profissional afeta nossas identidades pessoais e termina afetando a função da docência, da escola, das didáticas e dos currículos. Se nosso foco é a disciplina, o que ensinamos e como este será o referente de nossa identidade". Por outro lado, se os alunos nos fazem refletir, precisamos parar e aprender o que nem sempre é enfocado nos cursos de formação docente: a sermos, de fato, educadores.

Dessa forma, observamos estreitos laços entre o currículo, o trabalho e as circunstâncias sob as quais o docente atua, fazendo com que o currículo seja um território disputado tanto pelas políticas quanto pelas diretrizes e normas que o estabelecem. Arroyo (2013, p. 151) afirma que, "quanto mais consciência o ser humano tiver de sua dignidade, de seus direitos e, sobretudo do direito a ser gente, mais necessária a escola será". Assim, o futuro da escola depende do modo como ela acompanha a construção de seu espaço: a infância e a juventude constituem-se campos em que se afirmam em tempos de direitos humanos. É nesse campo que a escola encontrará seu sentido maior no presente e no futuro.

Síntese

Ao longo deste capítulo, analisamos que os estudiosos do currículo têm se empenhado muito em contextualizar o tema contemporaneamente. Assim, procuramos direcionar nosso olhar para a compreensão do que é o conhecimento escolar, que se reduz aos interesses políticos de uma sociedade que, assim, tem o poder de escolher um conhecimento em detrimento de outro. Entre os autores que tratam dessa realidade, abordamos Michael Young, Gimeno Sacristán, Ivor Goodson, Torres Santomé e Miguel Arroyo.

Compreendemos que, apesar do tema currículo e do papel da escola na sociedade serem muito debatidos, ainda há muito a ser feito, considerando que uma transformação se faz necessária para que os atores do processo de escolarização sintam-se preparados para intervir na sociedade, produzindo novos conhecimentos. Essa é a função preponderante da escola, independentemente das desigualdades sociais que a cercam.

Atividades de autoavaliação

1. Para o curriculista Michael Young, a função precípua da educação é promover a capacidade intelectual dos alunos, tendo por fundamento aquele saber que está intrinsicamente relacionado com as diversas áreas do conhecimento na educação superior e com as disciplinas escolares na educação básica. Como o autor conceitua esse saber?

    a) Saber intrínseco.
    b) Estudo possante.
    c) Conhecimento poderoso.
    d) Saber dominador.

2. A seguir, assinale (V) para as asserções verdadeiras e (F) para as falsas, a respeito dos conceitos de insularidade e hibridação no currículo de Michael Young.

    ( ) É necessário ter em mente quais conhecimentos devem ser priorizados na escola.

    ( ) Não é possível desenvolver um currículo que não tenha bases fortalecidas na formação e no desenvolvimento dos professores.

    ( ) Há uma interdependência entre o currículo que se deseja e a formação dos professores que o terão como proposta efetiva de trabalho.

    ( ) Qualquer reforma curricular deve ser uma colaboração entre um organismo curricular nacional e as várias associações profissionais de professores.

Agora, assinale a alternativa que apresenta a sequência correta:
a) F, F, V, V.
b) V, V, V, V.
c) V, F, F, V.
d) F, V, F, V.

3. De acordo com Gimeno Sacristan, é **incorreto** afirmar:
   a) O currículo pode ser considerado um conceito teórico.
   b) O currículo é um instrumento de regulação das práticas docentes.
   c) O currículo dá forma à educação e é instituído pela realização das práticas docentes.
   d) O currículo reflete o que desejamos que os nossos alunos saibam e, ainda, o que acreditamos que eles precisam saber para viver na sociedade do futuro.

4. Para Gimeno Sacristán, a escola que não contém um conteúdo cultural é:
   a) anêmica, frágil e inconsistente.
   b) incoerente, descuidada e inexistente.
   c) ilógica, inconsequente e abstrata.
   d) vazia, irreal e irresponsável.

5. Sobre a sociologia do currículo e a relação entre interdisciplinaridade e o currículo integrado, de acordo com Torres Santomé (2013), assinale (V) para as asserções verdadeiras e (F) para as falsas.
   ( ) Com o passar dos anos, as disciplinas deixaram de ocupar uma posição superior, passaram por um estágio considerado utilitário e se tornaram conjuntos minuciosos e sistemáticos de conhecimentos.
   ( ) Um currículo interdisciplinar pode ser útil para converter o conhecimento em algo relevante e significativo.
   ( ) Além dos conteúdos, o currículo deve enfocar outros aspectos, como a inclusão e a valorização dos sujeitos, dos grupos e das culturas que permeiam a sociedade.

( ) As salas de aula se constituem em espaços apropriados de discussões que podem contribuir para que as novas gerações construam o mundo a partir de novos olhares e novas possibilidades.

A seguir, assinale a alternativa que apresenta a sequência correta:
a) F, V, V, F.
b) V, F, F, F.
c) F, V, V, V.
d) V, V, F, V.

Atividades de aprendizagem

Questões para reflexão

1. No final do século XIX, o currículo era assentado em matérias e apresentava uma confiabilidade considerando sua relação com as instituições da alta sociedade. Nessa época, o currículo era fundamentado por alguns princípios. Você concorda com tais princípios? Eles se assemelham ao currículo que utilizamos atualmente?

2. Sobre o princípio de insularidade para Young, responda: Qual foi seu auge? O que ele evidencia?

Atividade aplicada: prática

1. Elabore um pequeno texto explicando brevemente em que consiste o princípio da hibridação para Michael Young.

6 Currículo nacional e avaliação

Neste capítulo, abordaremos a organização do trabalho didático na relação com o currículo, atendo-nos, especialmente, aos seus princípios e elementos. Para tanto, buscaremos estabelecer relações entre a Base Nacional Comum Curricular (BNCC) e o cenário educacional de nosso país, distinguindo as características, funções e modalidades de avaliação.

Ao longo do capítulo, mostraremos que subsistem diversos paradigmas e práticas educativas referentes à avaliação, a qual, devido às dificuldades impostas pelas leis e diretrizes, muitas vezes adquire em sua prática o *status* de mensuração, reduzindo aqueles que não alcançam os objetivos propostos à desqualificação, sem que esses sujeitos sejam avaliados de maneira integral e numa perspectiva diagnóstica.

Após a leitura deste capítulo, acreditamos que você conseguirá contextualizar a organização do trabalho didático e sua relação com o currículo e, ainda, conhecerá os princípios e elementos da organização do trabalho didático e compreenderá o cenário nacional e sua relação com a BNCC.

6.1 Organização do trabalho didático: contextualização, princípios e elementos

A organização do trabalho didático também é conhecida como: *organização do trabalho docente* (Lombardi, 2010); *trabalho educativo* (Saviani, 2010); e *organização do trabalho escolar* (Souza, 2008). Agora, que tal refletirmos sobre alguns desses significados?

A expressão *trabalho docente* é mencionada por Lombardi (2010, p. 74), que o define como "o conjunto das relações sociais que ocorrem na sociedade e que também se realizam no espaço educacional, notadamente o escolar, que é onde se realizam institucionalmente as relações de ensinar e aprender".

O autor analisa o trabalho docente sob o ponto de vista teórico e histórico, pois a teoria auxilia no entendimento da lógica das relações imbricadas no trabalho didático, ao passo que a história possibilita compreender a forma como esse trabalho se desenvolveu no decorrer dos anos. Para ele:

> Pelo lógico, o trabalho didático aparece como um conceito que, abstrata e teoricamente, reflete o conjunto de relações implicados na modernização da atividade escolar, particularmente do trabalho docente; pelo histórico, o trabalho didático pode ser apreendido em seu processo contraditório de transformação, acompanhando suas transformações no interior da organização do trabalho escolar e como esta segue, em linhas gerais, a organização do trabalho na sociedade. (Lombardi, 2010, p. 72)

Ainda sobre trabalho docente, Sandra Azzi (2000, p. 41) menciona que

- o trabalho docente é uma práxis em que a unidade teoria e prática se caracteriza pela ação-reflexão-ação;

- o trabalho docente só pode ser compreendido se considerado no contexto da organização escolar e da organização do trabalho no modo de produção, no caso, o capitalista;

- a compreensão do trabalho docente só pode ocorrer no processo de elaboração de seu conceito, que emerge após o estudo de sua gênese, de suas condições históricas gerais (o trabalho como forma histórica) e particulares (o cotidiano da ação docente).

Saviani (2010) questiona por que não utilizar a expressão *trabalho educativo* para designar as atividades desenvolvidas no contexto escolar. Segundo ele, nesse termo já estão implícitos tanto o trabalho didático quanto o pedagógico, haja vista que

> o trabalho educativo é o ato de produzir, direta e intencionalmente, em cada indivíduo singular, a humanidade que é produzida histórica e coletivamente pelo conjunto dos homens. Assim, o objeto da educação diz respeito, de um lado, à identificação dos elementos culturais que precisam ser assimilados pelos indivíduos da espécie humana para que eles se tornem humanos e, de outro lado e concomitantemente, à descoberta das formas mais adequadas para atingir esse objetivo. (Saviani, 2010, p. 13)

O autor elucida que no decorrer da história da educação, o tema trabalho didático veio correspondendo à maneira como a atividade educativa foi sendo realizada ao longo dos tempos. A esse respeito, Saviani (2010, p. 12-13) menciona:

> Essa preferência põe em foco a identificação entre educação e ensino, o que se manifestou desde que a atividade educativa se destacou do processo de trabalho, propriamente dito, deixando de ser apenas uma atividade espontânea para converter-se num processo sistemático de formação das novas gerações, entendida como a transmissão dos conhecimentos necessários para a vida em sociedade.

Podemos perceber que o trabalho educativo é uma atividade que exige uma sistematização a fim de que se processe a aprendizagem.

Por outro viés, Alves (2005, p. 10-11, grifo do original) emprega a expressão organização do trabalho didático (OTD) e menciona que, de forma genérica e abstrata, ela envolve sistematicamente três aspectos:

> a) ela é, sempre, uma **relação educativa** que coloca, frente a frente, uma **forma histórica de educador**, de um lado, e uma **forma histórica de educando(s)**, de outro; b) realiza-se com a **mediação** de recursos didáticos, envolvendo os procedimentos técnico-pedagógicos do educador, as tecnologias educacionais pertinentes e os conteúdos programados para servir ao processo de transmissão do conhecimento; c) e implica um **espaço físico** com características peculiares, onde ocorre.

Conforme podemos perceber, na visão do autor, a OTD está assentada no seguinte tripé: relação professor-aluno; procedimentos metodológicos utilizados na mediação do conhecimento; estrutura física em que se processa a aprendizagem.

Já Souza (2008), por sua vez, emprega a expressão *organização do trabalho escolar* para analisar o desenvolvimento das atividades escolares.

O que podemos perceber com relação às diferentes denominações atribuídas à organização do trabalho didático é que todas têm por preocupação refletir sobre o ensino-aprendizagem, a relação professor-aluno, as metodologias de ensino e o currículo.

Mas, será que existe uma relação da organização do trabalho didático com o currículo? Sim! Não há como organizar o trabalho didático sem relacioná-lo ao currículo, pois é este que determina o tipo de cidadão que se pretende formar em determinada sociedade. Nesse sentido, é imprescindível entender por que a escola ensina e o que ensina em determinado período histórico.

É o currículo que medeia a relações entre a escola e a sociedade, haja vista que

> o currículo é uma práxis antes que um objeto estático emanada de um modelo coerente de pensar a educação ou as aprendizagens [...]. É uma prática, expressão da função socializadora e cultural que determinada instituição tem, que reagrupa em torno dele uma série de subsistemas ou práticas diversas, entre as quais se encontra a prática pedagógica desenvolvida em instituições escolares que comumente chamamos ensino. (Gimeno Sacristán, 2000, p. 15-16)

Nessa mesma esteira de pensamento, Freitas (1998, p. 32), acrescenta:

> A didática sem a visão curricular torna-se míope. É o currículo que faz a conversão da concepção de homem e da concepção de educação no interior da ação pedagógica e, como tal, detém, igualmente, seu potencial de crítica. A didática pode e deve igualmente fazê-lo mas não deve prescindir da mediação curricular, sob pena de circunscrever-se à sala de aula.

De acordo com Betini et al. (2007, p. 97, grifo nosso), ao pensarmos "**que sociedade se quer construir** teremos os objetivos da educação e em decorrência o currículo".

Já debatemos sobre como o currículo é importante não só para o encaminhamento das atividades nas instituições escolares, mas porque ele representa o elo de ligação entre estas e a sociedade. Assim, é necessário que os agentes que gravitam no interior das escolas elaborem uma proposta curricular consistente, e isso só será possível por meio um de planejamento. Então, em que consiste o planejamento curricular?

De acordo com Libâneo (2001, p. 225), o *planejamento curricular* "é o documento mais global; expressa orientações gerais que sintetizam, de um lado, as ligações do projeto pedagógico da escola com os planos de ensino propriamente ditos". Dessa maneira, ele deve explicitar os objetivos educacionais que devem ser atingidos pela escola de forma clara e precisa, os quais devem ser elaborados em conformidade com a legislação curricular e o contexto em que a instituição está inserida.

Sob essa ótica, Gimeno Sacristán (2000, p. 282), alerta que

> planejar o currículo para seu desenvolvimento em práticas pedagógicas concretas não só exige ordenar seus componentes para serem aprendidos pelos alunos, mas também prever as próprias condições do ensino no contexto escolar ou fora dele. A função mais imediata que os professores devem realizar é a de planejar ou prever a prática do ensino. (Gimeno Sacristán, 2000, p. 282)

Para que o planejamento curricular obtenha êxito, o professor é uma peça-chave, pois ele é um dos responsáveis pelas vivências de práticas concretas no interior das escolas.

6.2 Base Nacional Comum Curricular (BNCC): uma retomada necessária

A discussão sobre organização do trabalho didático, currículo e planejamento curricular nos remete à importância de pensarmos sobre a BNCC.

É relevante salientarmos que a discussão sobre a implantação de uma base comum curricular no território nacional vem de longa data. De acordo com Gontijo (2015), na década de 1940, por meio do documento intitulado *Leitura e linguagem do curso primário: sugestões para a organização e desenvolvimento de programas*, surgiram as primeiras intenções de se regular as políticas educacionais, precisando as bases nacionais sob as quais o sistema curricular primário deveria se constituir.

Outro texto que originou uma reflexão sobre o assunto foi a Lei n. 5.692, promulgada em 1971, a qual fixou as diretrizes e bases para o ensino de 1º e 2º graus.

A criação de uma base nacional comum com a proposta de fixar os conteúdos mínimos para o ensino fundamental também foi prevista pela Constituição Federal em seu art. 210: "Serão fixados conteúdos mínimos para o ensino fundamental, de maneira a assegurar formação básica comum e respeito aos valores culturais e artísticos, nacionais e regionais" (Brasil, 1988).

Na década de 1990, acirraram-se os debates sobre as políticas educacionais, e em 20 de dezembro de 1996 foi sancionada a Lei de Diretrizes e Bases da Educação Nacional (LDB) n. 9.394, de 20 de dezembro de 1996, que no Título IV, intitulado "Da Organização da Educação Nacional", art. 9º, inciso IV, reafirma a necessidade de uma base comum curricular para a educação brasileira:

> Art. 9º A União incumbir-se-á de:
>
> [...]
>
> IV – estabelecer, em colaboração com os Estados, o Distrito Federal e os Municípios, competências e diretrizes para a educação infantil, o ensino fundamental e o ensino médio, que nortearão os currículos e seus conteúdos mínimos, de modo a assegurar formação básica comum; [...]. (Brasil, 1996)

Outros documentos importantes para a efetivação da BNCC foram os Parâmetros Curriculares Nacionais (PCNs) (1997) e as Diretrizes Curriculares Nacionais para a Educação Básica (DCNs), aprovada em 2013.

Nesse processo de formulação política, intentava-se formular uma proposta norteadora para o currículo (Palumbo, 1994). Com esse intuito, em 2015 iniciaram-se as discussões para a implantação da BNCC, que se configura uma ação da política curricular com o eixo de construção do sistema de ensino brasileiro pautada nos pressupostos da LDB n. 9.394/1996, na Conferência Nacional de Educação (Conae) de 2010, nas DCNs de 2013 e no Plano Nacional de Educação (PNE) instituído pela Lei n. 13.005, de 25 de junho de 2014 (Brasil, 2014), com vigência até 2024, o qual propõe 20 metas para a melhoria da qualidade de ensino na educação básica. Dessas metas, quatro dizem respeito à BNCC.

Ante o exposto:

> A primeira versão do documento foi disponibilizada para consulta pública entre outubro de 2015 e março de 2016. Nesse período, ela recebeu mais de 12 milhões de contribuições – individuais, de organizações e de redes de educação de todo o País –, além de pareceres analíticos de especialistas, associações científicas e membros da comunidade acadêmica. As contribuições foram sistematizadas por pesquisadores da Universidade de Brasília (UnB) e da Pontifícia Universidade Católica do Rio de Janeiro (PUC-RJ) e subsidiaram a elaboração da segunda versão. (Brasil, 2017, p. 5)

A segunda versão da BNCC foi publicada em maio de 2016 e foi amplamente debatida por professores, gestores, especialistas e entidades das classes educacionais em seminários organizados entre os dias 23 de junho e 10 de agosto do mesmo ano, em todo o território nacional.

De acordo com o Ministério da Educação (MEC), o documento normatizador dos currículos da educação básica

> se fundamenta em princípios éticos, políticos e estéticos para estabelecer os Direitos de Aprendizagem e Desenvolvimento, que devem ser o mote de toda a escolarização básica. Em cada etapa de escolarização – educação infantil, ensino fundamental e ensino médio – esses direitos subsidiam a definição dos objetivos de aprendizagem e desenvolvimento dos componentes curriculares. (Câmara dos Deputados, 2016)

No dia 15 de dezembro de 2017, a BNCC foi aprovada pelo Conselho Nacional de Educação (CNE), sendo homologada pelo Ministro da Educação cinco dias depois (20 de dezembro). A partir de então, ela se tornou o documento norteador dos currículos da educação básica, estabelecendo quais conhecimentos, competências e habilidades devem ser desenvolvidas pelos estudantes ao longo de sua vida escolar.

Após essa explanação sobre o documento que norteia as ações pedagógicas em nosso país, vamos debater como ocorrem as relações entre o processo de ensino-aprendizagem e a avaliação.

6.3 Relações entre o processo de ensino-aprendizagem, a organização curricular e a avaliação

A avaliação é imprescindível para a boa organização do currículo escolar, uma vez que ela possibilita perceber a efetivação das aprendizagens durante o desenvolvimento do processo educativo. Mas o que significa *avaliação*?

A palavra *avaliação*, etimologicamente, origina-se do latim, mas precisamente deriva do verbo *avaliar*, o qual, por sua vez, provém de dois termos latinos: o prefixo *a-* e o verbo *valere*, significando "dar preço a" ou "dar valor a" (Luckesi, 2005).

Para Luckesi (2005, p. 9), a *avaliação* é "um juízo de qualidade sobre dados relevantes para uma tomada de decisão". O referido autor menciona que, na educação, a denominação *avaliação da aprendizagem* foi utilizada em 1930 por Ralph Tyler, devido aos elevados índices de reprovação nesse período. De cada 100 crianças, somente 30% eram aprovadas, o que, hipoteticamente, significava que 70% não aprendiam.

Dessa maneira, Tyler estabeleceu alguns princípios que devem ser observados na elaboração dos currículos, entre eles, quais são os objetivos que a escola pretende atingir e como determinar que eles sejam alcançados, bem como que experiências educacionais, organizadas de maneira eficiente, são ofertadas para a consecução desses objetivos (Kliebard, 2011).

Esses princípios evidenciam a relevância da avaliação enquanto instrumento legal que possibilita averiguar se os objetivos propostos no currículo foram sistematicamente atingidos, haja vista que o currículo e a avaliação são indissociáveis, bem como que essa compreensão, embora difundida, ainda não é uma realidade na prática escolar, uma vez que a linha tênue que estabelece a relação entre a teoria curricular e a prática avaliativa na práxis pedagógica suscita a seguinte questão: "que concepções sobre currículo e avaliação transitam no espaço […]?" (Eyng, 2015, p. 135).

Gimeno Sacristán (2000, p. 21) alerta que, "se o currículo, evidentemente, é algo que se constrói, seus conteúdos e formas últimas não podem ser indiferentes aos contextos nos quais se configura".

Nesse sentido, é importante que o currículo seja visto como integrante do sistema educativo, sendo que o diálogo exprime um compromisso tanto com as questões subjetivas quanto com os conteúdos culturais da comunidade escolar, por meio de uma ação intencional e sistemática que busque a transformação pessoal e social. Assim, a avaliação passa a ser

> uma das atividades que ocorre dentro de um processo pedagógico. Este processo inclui outras ações que implicam na própria formulação dos objetivos da ação educativa, na definição de seus conteúdos e métodos, entre outros. A avaliação, portanto, sendo parte de um processo maior, deve ser usada tanto no sentido de um acompanhamento do desenvolvimento do estudante, como no sentido de uma apreciação final sobre o que este estudante pôde obter em um determinado período, sempre com vistas a planejar ações educativas futuras. (Fernandes; Freitas, 2007, p. 20)

De acordo com Kraemer (2005), a avaliação é um importante instrumento para o sistema escolar, por permitir a descrição dos conhecimentos e das aptidões desenvolvidas pelos alunos, revelando, assim, os objetivos de ensino já solidificados num dado momento, bem como as dificuldades no processo de ensino-aprendizagem.

Assim, na esfera educacional, a avaliação engloba diferentes níveis e domínios: alunos, professores, instituições, políticas, programas, projetos, currículos, sistemas educacionais, materiais didáticos, entre outros. Dessa maneira, a avaliação educacional se configura como uma expressão polissêmica que contém variadas formas ou modalidades: avaliação de aprendizagens, de escolas, de currículos e programas, de projetos, de sistemas educativos, de profissionais (gestores, professores e educadores) e de políticas públicas (Afonso, 2000).

Logo, o planejamento do professor é de extrema importância no processo de vivência do currículo, pois este assegura a coerência e a estabilidade para o exercício da prática. Esse plano deve se ampliar para além dos conteúdos, contemplando também as finalidades da educação e a maneira como o currículo será efetivado, permitindo pensar sobre a prática que será realizada e levando em consideração a vivência prática dos alunos, em conformidade com o contexto e com tudo o que envolve a situação de ensino-aprendizagem, como organização de recursos materiais, espaço, tempo etc. (Gimeno Sacristán, 2000).

Como critério teórico-metodológico, a avaliação torna possível enfrentar e impedir equívocos, como o de atribuir neutralidade à tarefa educativa, reduzindo, inclusive, a avaliação ao critério de mensuração, sendo que, na realidade, ela é "um processo de captação das necessidades, a partir do confronto entre a situação atual e a situação desejada, visando uma intervenção na realidade para favorecer a aproximação entre ambas" (Vasconcellos, 1998, p. 85). Enquanto instrumento diagnóstico, a avaliação é um processo por meio do qual se torna possível a mediação e a formação, uma vez que ao acompanhar a aprendizagem dos alunos, partindo dessa concepção,

> não se restringe ao uso de instrumentos formais em tempos predeterminados, mas se efetiva na vitalidade intelectual da sala de aula, abrangendo as situações previstas e as inesperadas – ação mediadora que só ocorre se o professor estiver atento à evolução do aluno, analisando o conjunto das atividades escolares, observando o seu convívio com os outros e ajustando as propostas pedagógicas continuamente. (Hoffmann, 2005, p. 34)

A avaliação é um elemento estratégico, uma vez que se constitui como o componente curricular que transita por todo o processo educativo, perpassando por toda a prática pedagógica. Infelizmente, a principal característica da avaliação escolar ainda é o caráter classificatório e excludente. Para que essa realidade seja transformada, faz-se necessário que ela seja vista como um instrumento diagnóstico com origem no real, para que o docente possa intervir em direção à emancipação dos alunos. Para isso, é necessário que se estabeleçam relações entre as práticas e o processo de ensino-aprendizagem articuladas às demandas do sujeito, observando que o conhecimento não está "à margem da vida e em discrepância com ela" (Vygotsky, 2010, p. 170).

Quando é utilizada como um processo fundamentado no acompanhamento e na (re)orientação da aprendizagem, a avaliação põe em movimento a percepção do aluno quanto ao que já foi por ele aprendido, apontando para o que já está em processo de apropriação, subsidiando, assim, seu desenvolvimento com autonomia.

Quanto às características, a avaliação do processo de ensino-aprendizagem apresenta três modalidades: diagnóstica (analítica), formativa (controladora) e somativa (classificatória). Que tal conhecermos cada uma delas?

6.3.1 Avaliação diagnóstica

A primeira avaliação pode ser denominada *inicial* ou *diagnóstica* e se adequa ao início do período letivo, de um conteúdo novo ou de um projeto, uma vez que possibilita o conhecimento da realidade e tem por objetivo obter informações sobre os conhecimentos prévios dos alunos, considerando seus gostos, seus interesses e suas atitudes.

Nesse sentido, Sanmartí (2009, p. 31) explica:

> A avaliação diagnóstica inicial tem como objetivo fundamental analisar a situação de cada aluno antes de iniciar um determinado processo de ensino-aprendizagem, para tomar consciência (professores e alunos) dos pontos de partida, e assim poder adaptar tal processo às necessidades detectadas. Em consequência, as atividades iniciais de todo processo de ensino deveriam ter, entre outras coisas, um componente de avaliação inicial.

Podemos perceber, assim, que a avaliação diagnóstica é analítica e tem por intuito verificar os prerrequisitos de cada aluno, isto é, se eles têm ou não conhecimentos e habilidades indispensáveis para as novas aprendizagens. Nas palavras de Luckesi (2005, p. 52), nesse contexto:

> A avaliação deverá ser assumida como instrumento de compreensão do estágio de aprendizagem do aluno, tento em vista tomar decisões suficientes e satisfatórias para que ele possa avançar no seu processo de aprendizagem. Desse modo, avaliação não seria somente um instrumento para a aprovação ou reprovação do aluno, mas sim um instrumento de diagnóstico de sua situação, tendo em vista a definição de encaminhamentos adequados para sua aprendizagem. (Luckesi, 2005, p. 52)

Essa avaliação contribui com o planejamento e a organização de sequências de ações e permite estabelecer o nível de necessidades iniciais para a realização de um projeto adequado. Porém, Luckesi (2005, p. 82) alerta:

> Para que a avaliação diagnóstica seja possível, é preciso compreendê-la e realizá-la comprometida com uma concepção pedagógica. No caso, consideramos que ela deve estar comprometida com uma proposta pedagógica histórico-crítica, uma vez que esta concepção está preocupada com a perspectiva de que o educando deverá apropriar-se criticamente de conhecimentos e habilidades necessárias à sua realização como sujeito crítico dentro desta sociedade que se caracteriza pelo modo capitalista de produção. A avaliação diagnóstica não se propõe e nem existe de uma forma solta e isolada. É condição de sua existência a articulação com uma concepção pedagógica progressista.

A avaliação analítica pode permear todo o processo de ensino-aprendizagem e, em cada etapa, apresentar diferentes finalidades: no início do processo, para sondagem, e no decorrer do processo, para possibilitar a identificação das causas, potencialidades e dificuldades, promovendo a implementação de recursos que permitam rever a ação educativa para sanar os problemas.

6.3.2 Avaliação formativa

A avaliação formativa tenciona a identificação dos equívocos cometidos durante o ensino, com a intenção de aperfeiçoá-lo, visando à eficiência. Sob essa ótica, o planejamento deve ocorrer durante todo o ano letivo e em função dos objetivos, possibilitando o direcionamento necessário para que os alunos os atinjam, a fim de que possam passar para a próxima etapa do processo de ensino-aprendizagem. Ela funciona como instrumento de controle de qualidade. De acordo com Sanmartí (2009, p. 33):

> A avaliação mais importante para os resultados de aprendizagem é a realizada ao longo do processo de aprendizagem. A qualidade de um processo de ensino depende, em boa parte, de se conseguir ajudar os alunos a superarem os obstáculos em espaços de tempo pequenos no momento em que são detectados. Além disso, o fundamental para aprender é que o próprio aluno seja capaz de detectar suas dificuldades, compreendê-las e autorregulá-las.

Assim, a avaliação formativa permite ao aluno tomar conhecimento dos seus acertos e erros de forma sistemática e controlada, permitindo que haja uma orientação do estudo do aluno em relação ao trabalho do professor, no sentido de aperfeiçoar as intervenções didático-pedagógicas para um ensino de excelência em todos os níveis.

6.3.3 Avaliação somativa

A avaliação somativa se realiza ao final de um processo (por exemplo, de uma unidade ou de um curso), fornecendo informações sobre o nível de aprendizagem alcançado e comparando os resultados obtidos, visando também à atribuição de notas. Assim sendo, sua principal função é classificar os alunos de acordo com os níveis de aproveitamento previamente estabelecidos.

De acordo com Sanmartí (2009, p. 33):

> a avaliação final, que é realizada quando se termina o período de tempo dedicado ao ensino de um determinado conteúdo, orienta-se tanto a verificar o que o aluno não conseguiu interiorizar, podendo representar um obstáculo para aprendizagens posteriores, quanto a determinar aqueles aspectos da sequência de ensino que deveriam ser modificados.

As características mais relevantes da avaliação somativa são:

- a classificação discente, com o intuito de mensurar se o aluno será aprovado ou reprovado;
- a realização com o apoio de atividades, questionários, tarefas, testes, trabalhos e provas;
- a subjetividade, pois depende de um valor atribuído pelo professor;
- o estabelecimento de uma comparação entre o desempenho do aluno e sua responsabilidade perante o que estudou;
- a relação entre sucesso e fracasso, baseando-se fundamentalmente nas diferenças entre os alunos;
- a identificação do grau de aproximação do aluno em relação à sua real aprendizagem e ao conhecimento verdadeiro.

Por fim, é importante ressaltar que, de fato, para haver uma indissociabilidade entre currículo e avaliação, esta deve problematizar o currículo, com vistas a instrumentalizar o professor para seu planejamento da ação docente, além de auxiliar no planejamento escolar, articulando os conteúdos. Assim, a avaliação classificatória deve ceder espaço à avaliação diagnóstica e de processo, por meio de um trabalho cooperativo e com metodologias diversificadas, vislumbrando a reconstrução do currículo durante o processo, atendendo às necessidades dos alunos e respeitando seu tempo para a consolidação da aprendizagem.

Independente da modalidade de avaliação adotada pela instituição escolar, tal deve ter o engajamento de todos os que compõem o processo (gestores, professores, alunos e responsáveis).

Síntese

Neste capítulo, tivemos a oportunidade de discutir sobre questões pertinentes à avaliação e ao currículo, percebendo como ambos estão interligados e articulados ao processo de ensino-aprendizagem. Apresentamos conceitos referentes à organização do trabalho didático, bem como as várias expressões pelas quais ela é denominada.

Ainda, expusemos ideias sobre a Base Nacional Comum Curricular (BNCC), que norteia a política curricular da educação básica no Brasil e que foi aprovada em 15 de dezembro de 2017, após uma ampla discussão envolvendo os atores imersos nas instituições educacionais.

Apresentemos também as modalidades de avaliação, evidenciando que o reducionismo da avaliação e do currículo à condição de meras técnicas é um equívoco. É preciso ampliar a visão sobre o processo educativo, buscando estabelecer uma conexão entre esse processo e o currículo, pois, como atividades humanas, ambos estão permeados por elementos culturais e ideológicos e, com efeito, devem se vincular ao contexto.

Indicações culturais

AZZI, S. Trabalho docente: autonomia didática e construção do saber pedagógico. In: PIMENTA, S. G. (Org.). *Saberes pedagógicos e atividade docente*. São Paulo: Cortez, 2000. p. 35-60.

A leitura deste capítulo de livro é indicada para quem deseja aprofundar seus conhecimentos sobre a organização do trabalho docente.

SOCIEDADE dos poetas mortos. Direção: Peter Weir. EUA: Touchstone Pictures, 1989. 128 min.

Esse filme mostra os métodos de ensino empregados pelo professor de literatura John Keating (Robin Williams), ex-aluno de uma tradicional escola preparatória, a Welton Academy, que procurava levar seus alunos a desenvolverem a habilidade de pensar por si mesmos.

Atividades de autoavaliação

1. De acordo com Lombardi (2010), sobre a expressão *trabalho docente*, analise as asserções a seguir:
   I) Corresponde ao conjunto das relações sociais que ocorrem na sociedade.
   II) Realiza-se no espaço educacional – notadamente, o escolar.
   III) Ocorre independente das relações de ensinar e aprender.
   IV) Não precisa ser institucionalizado.

   A seguir, indique a alternativa que apresenta as asserções corretas:
   a) I, II e III.
   b) I, III e IV.
   c) I e III.
   d) I e II.

2. Como a avaliação diagnóstica é também denominada?
   a) Inicial.
   b) Final.
   c) Intermediária.
   d) Mediana.

3. Enumere a 2ª coluna de acordo com a 1ª:

	( ) Realiza-se ao final de um processo (uma unidade ou um curso, por exemplo).
(1) Avaliação diagnóstica	( ) Contribui com o planejamento e a organização de sequências de ações.
	( ) Possibilita ao aluno tomar conhecimento de seus acertos e erros de forma sistemática e controlada.
(2) Avaliação formativa	( ) Permite estabelecer o nível de necessidades iniciais para a realização de um projeto adequado.
(3) Avalação somativa	( ) Orienta o estudo do aluno ao trabalho do professor no sentido de aperfeiçoar as intervenções didático-pedagógicas para um ensino de excelência em todos os níveis.

A seguir, assinale a sequência correta:
a) 2, 1, 2, 2, 3.
b) 3, 1, 2, 1, 2.
c) 1, 3, 2, 1, 1.
d) 3, 3, 1, 1, 1.

4. Este tipo de avaliação se realiza ao final de um processo (uma unidade ou um curso, por exemplo) e fornece informações sobre o nível de aprendizagem alcançado, comparando os resultados obtidos, visando também à atribuição de notas. Assim sendo, sua principal função é classificar os alunos de acordo com os níveis de aproveitamento previamente estabelecidos. Esse conceito refere-se à:
    a) Avaliação somativa.
    b) Avaliação diagnóstica.
    c) Avaliação formativa.
    d) Avaliação processual.

5. Sobre o planejamento curricular, é correto afirmar:
    a) Deve-se formular objetivos educacionais de acordo com os guias curriculares oficiais, adaptando-os à realidade em que a escola está inserida.
    b) Trata-se de uma atividade que deve ser realizada apenas pelo gestor da escola.
    c) O planejamento curricular não é necessário para a organização dos conteúdos escolares.
    d) Planejar o currículo é uma atividade que concerne apenas ao coordenador pedagógico.

Atividades de aprendizagem

Questões para reflexão

1. Qual é a importância da avaliação da aprendizagem e dos aspectos a ela relacionados?

2. Reflita sobre o seguinte pensamento de Sandra Azzi (2000, p. 41) e teça um comentário a respeito:

> + o trabalho docente é uma práxis em que a unidade teoria e prática se caracteriza pela ação-reflexão-ação;
>
> + o trabalho docente só pode ser compreendido se considerado no contexto da organização escolar e da organização do trabalho no modo de produção, no caso, o capitalista;
>
> + a compreensão do trabalho docente só pode ocorrer no processo de elaboração de seu conceito, que emerge após o estudo de sua gênese, de suas condições históricas gerais (o trabalho como forma histórica) e particulares (o cotidiano da ação docente).

3. Após ter lido todo o capítulo, reflita: Quais relações podem ser estabelecidas entre o processo de ensino-aprendizagem e a avaliação?

Atividade aplicada: prática

1. A expressão *organização do trabalho didático* (OTD) também é conhecida por *organização do trabalho escolar* (Souza, 2008), *organização do trabalho docente* (Lombardi, 2010) e *trabalho educativo* (Saviani, 2010). Escolha uma dessas expressões defendidas por um dos autores indicados e elabore uma síntese sobre ela.

Considerações finais

Nesta obra, pretendemos definir o conceito de currículo, apresentando acepções históricas e contemporâneas de modo a permitir que o leitor compreenda a importância do currículo no desenvolvimento educacional de uma nação. Nesse sentido, buscamos apresentar distintas teorias que fundamentam e respaldam o currículo que atualmente é aplicado nas instituições educacionais, oferecendo os contrapontos entre as teorias tradicional, crítica e pós-crítica pelos olhares de seus principais autores.

Outro ponto de destaque nesta obra foi a apresentação de alguns modelos internacionais e de um modelo nacional de currículo, sendo este o elemento que favorece a articulação necessária entre a teoria e a prática no processo de ensino-aprendizagem, desde sua organização até a prescrição das avaliações para a real efetivação do processo.

Constituindo-se a tecnologia o coração deste livro, procuramos apresentar desde aspectos históricos que envolvem sua utilização no ambiente escolar, perpassando por distintas abordagens (como construtivismo, construcinonismo e conectivismo) até políticas públicas, programas e projetos de inclusão de tecnologia ao currículo, considerando tanto a formação inicial dos professores quanto a aplicação do currículo em serviço.

Esperamos que os capítulos sistematizados neste livro tenham contribuído para que você inicie uma reflexão a respeito da convergência entre as tecnologias digitais na escola e o currículo, buscando obter, como fruto dessa proposta, a melhora do próprio processo de ensino-aprendizagem.

Referências

ABBAGNANO, N. *Dicionário de filosofia*. Tradução de Alfredo Bosi e Ivone Castilho Benedetti. 5. ed. São Paulo: M. Fontes, 2007.

ACARA – Australian Curriculum, Assessment and Reporting Authority. Disponível em: <https://www.acara.edu.au/>. Acesso em: 3 dez. 2018.

AFONSO, A. J. *Avaliação educacional:* regulação e emancipação – para uma sociologia das políticas avaliativas contemporâneas. 2. ed. São Paulo: Cortez, 2000.

ALMEIDA, F. J. de. *Educação e informática*: os computadores na escola. São Paulo: Cortez, 1987.

ALMEIDA, L. R. da S. Pierre Bourdieu: a transformação social no contexto de "A reprodução". *Inter-Ação*, v. 30, n. 1, p. 139-155, jan./jun. 2005. Disponível em: <https://www.revistas.ufg.br/interacao/article/view/1291/1343>. Acesso em: 8 ago. 2018.

ALMEIDA, M. E. B. de. *Educação, projetos, tecnologia e conhecimento*. 2. ed. São Paulo: Proem, 2005.

_____. *Informática e educação*: diretrizes para uma formação reflexiva de professores. 203 f. Dissertação (Mestrado em Educação: Currículo) – Pontifícia Universidade Católica de São Paulo, São Paulo, 1996.

ALMEIDA, M. E. B. de; SILVA, M. da G. M. da. Currículo, tecnologia e cultura digital: espaços e tempos de web currículo. *Revista E-curriculum*, São Paulo, v. 7, n. 1, p. 1-19, abr. 2011. Disponível em: <https://revistas.pucsp.br/index.php/curriculum/article/viewFile/5676/4002>. Acesso em: 8 ago. 2018.

ALMEIDA, M. E. B. de; VALENTE, J. A. *Políticas de tecnologia na educação brasileira*: histórico, lições aprendidas e recomendações. 2016. (Série Cieb Estudos). Disponível em: <http://www.cieb.net.br/wp-content/uploads/2019/01/CIEB-Estudos-4-Politicas-de-Tecnologia-na-Educacao-Brasileira-v.-22dez2016.pdf>. Acesso em: 25 fev. 2018.

ALMEIDA, S. do C. D. de. *A TV pública e seu compromisso com a educação pública*: o caso Escola 2.0. 174 f. Tese (Doutorado em Educação) – Pontifícia Universidade Católica de São Paulo, São Paulo, 2012.

ALTHUSSER, L. *Ideologia e aparelhos ideológicos do Estado*. Tradução de Joaquim José de Moura Ramos. Lisboa: Presença; M. Fontes, 1970.

ALVES, G. L. *O trabalho didático na escola moderna*: formas históricas. Campinas: Autores Associados, 2005. (Coleção Educação Contemporânea).

APPLE, M. W. *Ideologia e currículo*. Tradução de Carlos Eduardo Ferreira de Carvalho. 3. ed. Porto Alegre: Artmed, 2006.

ARROYO, M. G. *Currículo, território em disputa*. Petrópolis: Vozes, 2013.

AZZI, S. Trabalho docente: autonomia didática e construção do saber pedagógico. In: PIMENTA, S. G. (Org.). *Saberes pedagógicos e atividade docente*. São Paulo: Cortez, 2000. p. 35-60.

BATES, T. *Educar na era digital*: design, ensino e aprendizagem. Tradução de João Mattar et al. São Paulo: Artesanato Educacional; Abed, 2016.

BAUMAN, Z. *Modernidade líquida*. Tradução de Plínio Dentzien. Rio de Janeiro: Zahar, 2001.

BENIELLI, F. O que é o International Baccalaureate e como funciona? *Viva Mundo*. Disponível em: <http://www.viva-mundo.com/pt/noticia/post/o-que-o-international-baccalaureate-e-como-funciona/>. Acesso em: 8 ago. 2018.

BETINI, M. E. S. et al. Organização do trabalho didático: estudo histórico da instituição escolar do ensino fundamental por seus trabalhadores. *Revista HISTEDBR*, Campinas, n. 26, p. 83-104, jun. 2007. Disponível em: <http://www.histedbr.fe.unicamp.br/revista/edicoes/26/art05_26.pdf>. Acesso em: 15 nov. 2018.

BORDIN, T. M. Influências das políticas educacionais internacionais no currículo: algumas incursões. *Revista Saberes*, Natal, v. 1, n. 11, p. 78-93, fev. 2015. Disponível em: <https://periodicos.ufrn.br/saberes/article/view/6526/5197>. Acesso em: 15 nov. 2018.

BRASIL. Constituição (1988). *Diário Oficial da União,* Brasília, DF, 5 out. 1988. Disponível em: <http://www.planalto.gov.br/ccivil_03/Constituicao/Constituicao.htm>. Acesso em: 8 ago. 2018.

BRASIL. Lei n. 4.024, de 20 de dezembro de 1961. *Diário Oficial da União*, Poder Legislativo, Brasília, DF, 27 dez. 1961. Disponível em: <http://www.planalto.gov.br/CCIVil_03/leis/L4024.htm>. Acesso em: 25 fev. 2019.

_____. Lei n. 9.394, de 20 de dezembro de 1996. *Diário Oficial da União*, Poder Legislativo, Brasília, DF, 23 dez. 1996. Disponível em: <http://www.planalto.gov.br/ccivil_03/Leis/L9394.htm>. Acesso em: 8 ago. 2018.

_____. Lei n. 13.005, de 25 de junho de 2014. *Diário Oficial da União*, Poder Legislativo, Brasília, DF, 26 jun. 2014. Disponível em: <http://www.planalto.gov.br/ccivil_03/_ato2011-2014/2014/lei/l13005.htm>. Acesso em: 8 ago. 2018.

BRASIL. Ministério da Educação. *Ideb*: apresentação. Disponível em: <http://portal.mec.gov.br/secretaria-de-educacao-basica/programas-e-acoes?id=180>. Acesso em: 21 ago. 2018a.

BRASIL. Ministério da Educação. Instituto Nacional de Estudos e Pesquisas Educacionais Anísio Teixeira. *Saeb*. Disponível em: <http://portal.inep.gov.br/educacao-basica/saeb>. Acesso em: 21 nov. 2018b.

_____. *Mídias na Educação*. Disponível em: <http://portal.mec.gov.br/midias-na-educacao>. Acesso em: 8 ago. 2018c.

_____. *Programa Banda Larga nas Escolas*. Disponível em: <http://portal.mec.gov.br/programa-saude-da-escola/193-secretarias-112877938/seed-educacao-a-distancia-96734370/15808-programa-banda-larga-nas-escolas>. Acesso em: 8 ago. 2018d.

_____. *ProInfo integrado*. Disponível em: <http://portal.mec.gov.br/escola-de-gestores-da-educacao-basica/271-programas-e-acoes-1921564125/seed-1182001145/13156-proinfo-integrado>. Acesso em: 8 ago. 2018e.

BRASIL. Ministério da Educação. Secretaria de Educação Básica. *Base Nacional Comum Curricular*: terceira versão. 2017. Disponível em: <http://www.observatoriodoensinomedio.ufpr.br/wp-content/uploads/2017/04/BNCC-Documento-Final.pdf>. Acesso em: 8 ago. 2018.

_____. *Base Nacional Comum Curricular*. Disponível em: <http://basenacionalcomum.mec.gov.br/wp-content/uploads/2018/02/bncc-20dez-site.pdf>. Acesso em: 8 ago. 2018f.

BRASIL. Ministério da Educação. Secretaria de Educação Básica. Secretaria de Educação Continuada, Alfabetização, Diversidade e Inclusão. Conselho Nacional de Educação. *Diretrizes Curriculares Nacionais da Educação Básica*. Brasília, 2013.

Disponível em: <http://portal.mec.gov.br/docman/julho-2013-pdf/13677-diretrizes-educacao-basica-2013-pdf/file>. Acesso em: 22 nov. 2018.

BRASIL. Ministério da Educação. Secretaria de Educação Fundamental. *Parâmetros curriculares nacionais*: introdução aos parâmetros curriculares nacionais. Brasília, 1997. Disponível em: <http://portal.mec.gov.br/seb/arquivos/pdf/livro01.pdf>. Acesso em: 3 dez. 2018.

BRASIL. Ministério da Educação. Conselho Nacional de Educação. Câmara de Educação Básica. Parecer n. 11, de 7 de julho de 2010. Relator: Cesar Callegari. *Diário Oficial da União*, Brasília, DF, 9 dez. 2010. Disponível em: <http://portal.mec.gov.br/index.php?option=com_docman&view=download&alias=6324-pceb011-10&Itemid=30192>. Acesso em: 15 nov. 2018.

CÂMARA DOS DEPUTADOS. *Comissão de Educação discutirá Base Nacional Comum Curricular*. 17 maio 2016. Disponível em: <http://www2.camara.leg.br/camaranoticias/noticias/EDUCACAO-E-CULTURA/508897-COMISSAO-DE-EDUCACAO-DISCUTIRA-BASE-NACIONAL-COMUM-CURRICULAR.html>. Acesso em: 3 dez. 2018.

CASTELLS, M. *A galáxia da internet*: reflexões sobre a internet, os negócios e a sociedade. Tradução de Rita Espanha. Lisboa: Fundação Calouste Gulbenkian, 2004.

_____. *A sociedade em rede*. Tradução de Roneide Venâncio Majer. 8. ed. rev. e ampl. São Paulo: Paz e Terra, 2006.

CENTRO DE REFERÊNCIAS EM EDUCAÇÃO INTEGRAL. *Currículo nacional australiano busca reduzir desigualdades e prioriza aprendizagem*. 16 dez. 2014. Disponível em: <https://educacaointegral.org.br/experiencias/curriculo-nacional-australiano-prioriza-educacao-igualitaria-equanime>. Acesso em: 22 nov. 2018.

CHIZZOTTI, A.; PONCE, B. J. O currículo e os sistemas de ensino no Brasil. *Currículo sem fronteiras*, v. 12, n. 3, p. 25-36, set./dez. 2012. Disponível em: <http://www.curriculosemfronteiras.org/vol12iss3articles/chizzotti-ponce.pdf>. Acesso em: 15 nov. 2018.

CIAVATTA, M.; RAMOS, M. A "era das diretrizes": a disputa pelo projeto de educação dos mais pobres. *Revista Brasileira de Educação*, Rio de Janeiro, v. 17, n. 49, jan./abr. 2012. Disponível em: <http://www.scielo.br/pdf/rbedu/v17n49/a01v17n49.pdf>. Acesso em: 15 nov. 2018.

COLL, C. *Psicologia e currículo*: uma aproximação psicopedagógica à elaboração do currículo escolar. 5. ed. São Paulo: Ática, 2000.

CONSED – Conselho Nacional de Secretários de Educação. *Proposta para plano nacional de conectividade nas escolas é apresentada na Câmara dos Deputados.* 28 ago. 2015. Disponível em: <http://www.consed.org.br/central-de-conteudos/proposta-para-plano-nacional-de-conectividade-nas-escolas-e-apresentada-na-camara-dos-deputados>. Acesso em: 15 nov. 2018.

CONTRERAS, J. D. Outras escolas, outra educação, outra forma de pensar o currículo. In: GIMENO SACRISTÁN. J. (Org.). *Saberes e incertezas sobre o currículo.* São Paulo: Penso, 2013. p. 459-476.

CORREIA, P. M. A. R.; MOREIRA, M. F. R. Novas formas de comunicação: história do Facebook – uma história necessariamente breve. *Alceu*, v. 14, n. 28, p. 168-187, 2014. Disponível em: <http://revistaalceu.com.puc-rio.br/media/alceu%2028%20-%20168-187.pdf>. Acesso em: 8 ago. 2018.

DALE, R. A globalização e o desenho do terreno curricular. *Espaço do Currículo*, v. 1, n. 1, p. 12-33, 2008. Disponível em: <http://periodicos.ufpb.br/index.php/rec/article/download/3640/2976>. Acesso em: 21 nov. 2018.

_____. Globalização e educação: demonstrando a existência de uma "Cultura Educacional Mundial Comum" ou localizando uma "Agenda Globalmente estruturada para a Educação"? *Educação & Sociedade*, Campinas, v. 25, n. 87, p. 423-460, maio/ago. 2004. Disponível em: <http://www.scielo.br/pdf/es/v25n87/21464.pdf>. Acesso em: 15 nov. 2018.

DÍAZ BORDENAVE, J.; PEREIRA, A. M. *Estratégias de ensino-aprendizagem.* 31. ed. Petrópolis: Vozes, 2011.

ESTEBAN, M. T. (Org.). *Escola, currículo e avaliação.* 2. ed. São Paulo: Cortez, 2005.

EYNG, A. M. Currículo e avaliação: duas faces da mesma moeda na garantia do direito à educação de qualidade social. *Revista Diálogo Educacional*, Curitiba, v. 15, n. 44, p. 133-155, jan./abr. 2015. Disponível em: <https://periodicos.pucpr.br/index.php/dialogoeducacional/article/download/5080/14697>. Acesso em: 28 nov. 2018.

FERNANDES, C. de O.; FREITAS, L. C. de. *Indagações sobre currículo*: currículo e avaliação. Brasília: MEC/SEB, 2007. Disponível em: <http://portal.mec.gov.br/seb/arquivos/pdf/Ensfund/indag5.pdf>. Acesso em: 20 nov. 2018.

FIELDWORK EDUCATION. Disponível em: <http://fieldworkeducation.com/curriculums/primary-years>. Acesso em: 27 nov. 2018.

FONSECA, M. O Banco Mundial como referência para a justiça social no terceiro mundo: evidências do caso brasileiro. *Revista da Faculdade de Educação*, São Paulo, v. 24, n. 1, p. 37-69, 1998. Disponível em: <http://www.scielo.br/scielo.php?script=sci_arttext&pid=S0102-25551998000100004&lng=en&nrm=iso>. Acesso em: 3 dez. 2018.

FORQUIN, J.-C. *Escola e cultura*: as bases sociais e epistemológicas do conhecimento escolar. Tradução de Guacira Lopes Louro. Porto Alegre: Artes Médicas, 1999.

FREIRE, P. *Pedagogia da autonomia*: saberes necessários à prática educativa. São Paulo: Paz e Terra, 1996.

FREIRE, P.; BETTO, F. *Essa escola chamada vida*: depoimentos ao repórter Ricardo Kotscho. São Paulo: Ática, 1985.

FREITAS, L. C. de. Interações possíveis entre a área de currículo e a didática: o caso da avaliação. *Pro-Posições*, Campinas, v. 9, n. 3, p. 28-42, nov. 1998. Disponível em: <https://www.fe.unicamp.br/pf-fe/publicacao/1980/27-artigos-freitaslc.pdf>. Acesso em: 15 nov. 2018.

GALIAN, C. V. A.; LOUZANO, P. B. J. Michael Young e o campo do currículo: da ênfase no "conhecimento dos poderosos" à defesa do "conhecimento poderoso". *Educação e Pesquisa*, São Paulo, v. 40, n. 4, p. 1109-1124, out./dez. 2014. Disponível em: <http://www.scielo.br/pdf/ep/v40n4/16.pdf>. Acesso em: 8 ago. 2018.

GALIMBERTI, U. *Psiche e techne*: o homem na idade da técnica. São Paulo: Paulus, 2006.

GARCIA, R. L.; MOREIRA, A. F. B. (Org.). *Currículo na contemporaneidade*: incertezas e desafios. São Paulo: Cortez, 2006.

GARDNER, H. *Inteligências múltiplas*: a teoria na prática. Tradução de Maria Adriana Veríssimo Verenesse. Porto Alegre: Artmed, 1995.

GIMENO SACRISTÁN, J. *O currículo*: uma reflexão sobre a prática. Tradução de Ernani F. da Fonseca Rosa. 3. ed. Porto Alegre: Artmed, 2000.

GIMENO SACRISTÁN, J. (Org.). *Saberes e incertezas do currículo*. Tradução de Alexandre Salvaterra. Porto Alegre: Penso, 2013.

GIMENO SACRISTÁN, J.; PÉREZ GÓMEZ, A. I. *Compreender e transformar o ensino*. Tradução de Ernani F. da Fonseca Rosa. 4. ed. Porto Alegre: Artmed, 1998.

GIROUX, H. A. *Os professores como intelectuais*: rumo a uma pedagogia crítica da aprendizagem. Tradução de Daniel Bueno. Porto Alegre: Artes Médicas, 1997.

GIROUX, H. A. Qual o papel da pedagogia crítica nos estudos de língua e de cultura? Entrevista concedida a Manuela Guilherme. *Revista Crítica de Ciências Sociais*, n., 73, p. 131-143, dez. 2005. Disponível em: <https://www.ces.uc.pt/publicacoes/rccs/artigos/73/RCCS73-131-143-MMG-Girou.pdf>. Acesso em: 8 ago. 2018.

_____. *Teoria crítica e resistência em educação*: para além das teorias de reprodução. Tradução de Ângela Maria B. Biaggio. Petrópolis: Vozes, 1986.

GONTIJO, C. M. M. Base Nacional Comum Curricular (BNCC): comentários críticos. *Revista Brasileira de Alfabetização*, Vitória, v. 1, n. 2, p. 174-190, 2015.

GOODSON, I. F. *Currículo*: teoria e história. Petrópolis: Vozes, 1995.

GOUGH, N. A Vision for Transnational Curriculum Inquiry. *Transnational Curriculum Inquiry*, v. 1, n. 1, p. 1-11. 2004. Disponível em: <http://ojs.library.ubc.ca/index.php/tci/article/view/6/14>. Acesso em: 8 ago. 2018.

GREEN, D. *Da pobreza ao poder*: como cidadãos ativos e estados efetivos podem mudar o mundo. Tradução de Luiz Vasconcelos. São Paulo: Cortez, 2009.

HAMILTON, D. Mudança social e mudança pedagógica: a trajetória de uma pesquisa histórica. *Teoria & Educação*, Porto Alegre, n. 6, p. 3-31, 1992.

HOFFMANN, J. M. L. *O jogo do contrário em avaliação*. Porto Alegre: Mediação, 2005.

HORNBURG, N.; SILVA, R. da. Teorias sobre currículo: uma análise para compreensão e mudança. *Revista de Divulgação Técnico-científica do ICPG*, v. 2, n. 10, p. 61-66, jan./jun. 2007.

HOUAISS, A. *Dicionário Houaiss da língua portuguesa*. Disponível em: <http://houaiss.uol.com.br/busca/htm>. Acesso em: 8 ago. 2018.

IAACS – International Association for the Advancement of Curriculum Studies. Disponível em: <http://www.iaacs.ca/about>. Acesso em: 3 dez. 2018.

IBO – International Baccalaureate. Disponível em: <http://www.ibo.org/>. Acesso em: 3 dez. 2018.

KLIEBARD, H. M. Os princípios de Tyler. *Revista Currículo sem Fronteiras*, v. 11, n. 2, p. 23-35, jul./dez. 2011. Disponível em <http://www.curriculosemfronteiras.org/vol11iss2articles/kliebard-tyler.pdf>. Acesso em: 8 ago. 2018.

KRAEMER, M. E. P. A avaliação da aprendizagem como processo construtivo de um novo fazer. *Revista da Rede de Avaliação Institucional da Educação Superior*, v. 10, n. 2. jun. 2005. Disponível em: <http://periodicos.uniso.br/ojs/index.php/avaliacao/article/view/1310/1300>. Acesso em: 3 dez. 2018.

LACLAU, E.; MOUFFE, C. *Hegemonia y estratégia socialista*: hacia una radicalización de la democracia. Buenos Aires: Fondo de Cultura Económica, 2004.

LÉVY, P. *Cibercultura*. Tradução de Carlos Irineu da Costa. São Paulo: Ed. 34, 1999.

LIBÂNEO, J. C. *Organização e gestão da escola*: teoria e prática. Goiânia: Alternativa, 2001.

LIBÂNEO, J. C.; ALVES, N. (Org.). *Temas de pedagogia*: diálogos entre didática e currículo. São Paulo: Cortez, 2012.

LOMBARDI, J. C. Questões teóricas e históricas sobre o trabalho didático. In: BRITO, S. H. A. de et al. (Org.). *A organização do trabalho didático na história da educação*. Campinas: Autores Associados, 2010. p. 61-86.

LUCKESI, C. C. *Avaliação da aprendizagem escolar*: estudos e proposições. 17. ed. São Paulo: Cortez, 2005.

MARTINS, P. L. O. *Didática teórica/didática prática*: para além do confronto. São Paulo: Loyola, 1993.

MCLAREN, P. *Multiculturalismo crítico*. Tradução de Bedel Orofino Schaefe. São Paulo: Cortez, 1997.

MOREIRA, A. F. B. A internacionalização do campo do currículo. *Revista Contemporânea de Educação*, v. 7, n. 13, p. 217-225, jan./jul. 2012. Disponível em: <https://revistas.ufrj.br/index.php/rce/article/download/1666/1515>. Acesso em: 15 nov. 2018.

_____. *Currículos e programas no Brasil*. 7. ed. Campinas: Papirus, 2001.

_____. O campo do currículo no Brasil: construção no contexto da Anped. *Cadernos de Pesquisa*, n. 117, p. 81-101, nov. 2002. Disponível em: <http://www.scielo.br/pdf/cp/n117/15553.pdf>. Acesso em: 15 nov. 2018.

MOREIRA, A. F. B.; CANDAU, V. M. *Indagações sobre currículo*: currículo, conhecimento e cultura. Brasília: MEC/SEB, 2007. Disponível em: <http://portal.mec.gov.br/seb/arquivos/pdf/Ensfund/indag3.pdf>. Acesso em: 20 nov. 2018.

MOREIRA, A. F. B.; SILVA, T. T. da (Org.). *Currículo, cultura e sociedade*. São Paulo: Cortez, 1995.

MUNIZ, E. P.; ARRUDA, E. E. de. Políticas públicas

educacionais e os organismos internacionais: influência na trajetória da educação especial brasileira. *Revista HISTEDBR*, Campinas, n. 28, p. 258-277, dez. 2007. Disponível em: <https://www.fe.unicamp.br/pf-fe/publicacao/5035/art17_28.pdf>. Acesso em: 15 nov. 2018.

NASCIMENTO, J. K. F. do. *Informática aplicada à educação*. Brasília: Ed. da UnB, 2007.

PACHECO, J. A. *Escritos curriculares*. São Paulo: Cortez, 2005.

PALUMBO, D. J. *Public Policy in America*: Government in Action. 2. ed. Califórnia: Harcourt Brace and Company, 1994.

PAPERT, S. *A máquina das crianças*: repensando a escola na era da informática. Tradução de Sandra Costa. Porto Alegre: Artes Médicas, 1994.

PAPERT, S.; HAREL, I. *Situating Constructionism*. Disponível em <http://www.papert.org/articles/SituatingConstructionism.html>. Acesso em: 8 ago. 2018.

PARANÁ. Secretaria de Educação. Coordenação de Planejamento e Avaliação. Departamento de Educação Básica. *Anexo 1*: avaliação externa e interna – relações e articulações possíveis. Disponível em: <http://www.educadores.diaadia.pr.gov.br/arquivos/File/formacao_acao/1semestre2016/deb_avaliacao_fa_anexo1.pdf>. Acesso em: 3 dez. 2018.

PRADO, M. E. B. B. *O uso do computador na formação do professor*: um enfoque reflexivo da prática pedagógica. Brasília: MEC/ProInfo, 1999.

PRIGOGINE, I. *O fim das certezas*: tempo, caos e as leis da natureza. Tradução de Roberto Leal Ferreira. São Paulo: Edunesp, 1996.

PUC MINAS. *Lista de comandos e operações básicos do Logo*. Disponível em: <http://www.ich.pucminas.br/pged/db/txt/logo_comandos-operacoes-cores.pdf>. Acesso em: 8 ago. 2018.

RED HOUSE INTERNATIONAL SCHOOL. *Currículo suíço desenvolve alunos com mentalidade internacional*. 2 maio 2017. Disponível em: <http://escolainternacionalsp.com.br/2017/05/02/revista-exame-publicou-uma-materia-sobre-escola-internacional-de-sao-paulo-3>. Acesso em: 22 nov. 2018.

SANMARTÍ, N. *Avaliar para aprender*. Tradução de Carlos Henrique Lucas Lima. Porto Alegre: Artmed, 2009.

SAVIANI, D. *História das ideias pedagógicas no Brasil*. 2. ed. rev. ampl. Campinas: Autores Associados, 2008.

SAVIANI, D. *Sistema Nacional de Educação e Plano Nacional de Educação*: significado, controvérsias e perspectivas. Campinas: Autores Associados, 2014.

_____. Trabalho didático e história da educação: enfoque histórico-pedagógico. In: BRITO, S. H. A. de et al. (Org.). *A organização do trabalho didático na história da educação*. Campinas: Autores Associados, 2010. p. 11-38.

_____. *Saber escolar, currículo e didática*: problemas da unidade conteúdo/método no processo pedagógico. 2. ed. Campinas: Autores Associados, 1998.

SEN, A. *Desenvolvimento como liberdade*. Tradução de Laura Teixeira Motta. São Paulo: Companhia das Letras, 2000.

SIEMENS, G. *Conectivismo*: uma teoria de aprendizagem para a idade digital. 12 dez. 2004. Disponível em: <http://usuarios.upf.br/~teixeira/livros/conectivismo%5Bsiemens%5D.pdf>. Acesso em: 23 nov. 2018.

SILVA, M. R. da. *Currículo e competências*: a formação administrada. São Paulo: Cortez, 2008.

SILVA, T. T. da. *Documentos de identidade*: uma introdução às teorias do currículo. 3. ed. Belo Horizonte: Autêntica, 2010.

SMITH, L. M. *Frederic Skinner*. Tradução de Maria Leila Alves. Recife: MEC; Fundação Joaquim Nabuco; Massangana, 2010. Disponível em: <http://www.dominiopublico.gov.br/download/texto/me4663.pdf>. Acesso em: 25 fev. 2019.

SOUSA, J. L. U. de. Currículo e projetos de formação: Base Nacional Comum Curricular e seus desejos de performance. *Espaço do Currículo*, v. 8, n. 3, p. 323-334, set./dez. 2015. Disponível em: <http://www.periodicos.ufpb.br/index.php/rec/article/download/rec.2015.v8n3.323334/14759>. Acesso em: 22 nov. 2018.

SOUZA, R. F. de. *História da organização do trabalho escolar e do currículo no século XX*: ensino primário e secundário no Brasil. São Paulo: Cortez, 2008.

THURLER, M. G.; MAULINI, O. (Org.). *A organização do trabalho escolar*: uma oportunidade para repensar a escola. Porto Alegre: Penso, 2012.

TORRES SANTOMÉ, J. *Currículo escolar e justiça social*: O cavalo de troia da educação. Porto Alegre: Penso, 2013.

UNDIMEAL – União dos Dirigentes Municipais de Educação de Alagoas. *Planos municipais de educação – PME*. 16 mar. 2016. Disponível em:

<https://al.undime.org.br/noticia/16-03-2016-12-27-planos-municipais-de-educacao-pme>. Acesso em: 3 dez. 2018.

UNESCO – Organização das Nações Unidas para a Educação, a Ciência e a Cultura. *Glossário de terminologia curricular*. 2016. Disponível em: <http://unesdoc.unesco.org/images/0022/002230/223059por.pdf>. Acesso em: 21 nov. 2018.

VALENTE, J. A. (Org.). *Computadores e conhecimento*: repensando a educação. Campinas: Ed. da Unicamp/Nied, 1993.

____. *O computador na sociedade do conhecimento*. Campinas: Ed. da Unicamp/Nied, 1999.

VALENTE, J. A.; ALMEIDA, F. J. de. Visão analítica da informática na educação no Brasil: a questão da formação do professor. *Revista Brasileira de Informática na Educação*, n. 1, 1997. Disponível em: <http://www.pucrs.br/ciencias/viali/doutorado/ptic/textos/2324-3711-1-SM.pdf>. Acesso em: 8 ago. 2018.

VASCONCELLOS, C. dos S. *Avaliação*: superação da lógica classificatória e excludente – do "é proibido reprovar" ao é preciso garantir a aprendizagem. São Paulo: Libertad, 1998.

VEIGA-NETO, A. Currículo e espaço. *Currículo: conhecimento e cultura*, ano. 19, n. 1, p. 32-34, abr. 2009.

____. De geometrias, currículo e diferenças. *Educação e Sociedade*, v. 23, n. 79, p. 163-186, ago. 2002. Disponível em: <http://www.scielo.br/pdf/es/v23n79/10853.pdf>. Acesso em: 15 nov. 2018.

VIEIRA PINTO, A. *O conceito de tecnologia*. São Paulo: Contraponto, 2005. 2 v.

VYGOTSKY, L. S. *Psicologia pedagógica*. Tradução de Paulo Bezerra. 3. ed. São Paulo: WMF M. Fontes, 2010.

YOUNG, M. *Conhecimento e currículo*: do socioconstrutivismo ao realismo social na sociologia da educação. Tradução de Jorge Ávila de Lima. Porto: Porto, 2010a.

____. O futuro da educação em uma sociedade do conhecimento: o argumento radical em defesa de um currículo centrado em disciplinas. *Revista Brasileira de Educação*, Rio de Janeiro, v. 16, n. 48, p. 609-623, set./dez. 2011. Disponível em: <http://www.scielo.br/pdf/rbedu/v16n48/v16n48a05.pdf>. Acesso em: 8 ago. 2018.

____. Os estudos do currículo e o problema do conhecimento: atualizar o Iluminismo? In: SÁ, M. R. G. B. de; FARTES, V. L. B. (Org.). *Currículo, formação e saberes profissionais*: a (re)valorização epistemológica experiência. Salvador: EdUFBA, 2010b. p. 19-36.

YOUNG, M. Teoria do currículo: o que é e por que é importante. *Cadernos de Pesquisa*, v. 44, n. 151, p. 190-202, jan./mar. 2014. Disponível em: <http://www.scielo.br/pdf/cp/v44n151/10.pdf>. Acesso em: 15 nov. 2018.

YOUNG, M. (Ed.). *Knowledge and Control*: New Directions for the Sociology of Education. London: Collier Macmillan, 1971.

Bibliografia comentada

ALMEIDA, M. E. B. de; VALENTE, J. A. *Políticas de tecnologia na educação brasileira*: histórico, lições aprendidas e recomendações. 2016. Disponível em: <http://www.cieb.net.br/wp-content/uploads/2019/01/CIEB-Estudos-4-Politicas-de-Tecnologia-na-Educacao-Brasileira-v.-22dez2016.pdf>. Acesso em: 25 fev. 2018.

>Essa obra consiste em um estudo elaborado pelos professores Maria Elizabeth Bianconcini de Almeida (PUC-SP) e José Armando Valente (Unicamp), que se dedicaram a oferecer um histórico das políticas nacionais no que se refere ao uso de tecnolgoias digitais, propondo sugestões para sua aplicação em ambiente educacional. Nessa retrospectiva, os autores retomam conceitos e a importância de programas nacionais que desde os anos de 1980 impulsionaram o desenvolvimento da educação brasileira.

GREEN, D. *Da pobreza ao poder*: como cidadãos ativos e estados efetivos podem mudar o mundo. Tradução de Luiz Vasconcelos. São Paulo: Cortez, 2009.

>Essa obra busca evidenciar que se faz premente promover uma justa redistribuição tanto de poder quanto de oportunidades, possibilitando que se descontinuem os ciclos de pobreza que se estabelecem contemporaneamente. O autor salienta a importância do acesso às tecnologias de informação e comunicação (TICs) como uma das formas para romper com tais ciclos.

WUNSCH, L. P.; FERNANDES JUNIOR, A. M. *Tecnologias na educação*: conceitos e práticas. Curitiba: Intersaberes, 2018.

>Esse livro é de extrema relevância aos educadores e pesquisadores que fazem uso (ou pretendem fazer) de tecnologias digitais na educação, apresentando sugestões e estratégias que propiciam a melhora do processo de ensino-aprendizagem, considerando as potencialidades e os impactos das tecnologias digitais em todas as áreas do conhecimento e, ao mesmo tempo, salientando os distintos recursos existentes e suas aplicações pedagógicas.

TORRES SANTOMÉ, J. *Currículo escolar e justiça social*: o cavalo de troia da educação. Tradução de Alexandre Salvaterra. Porto Alegre: Penso, 2013.

Nessa obra, Jurjo Torres Santomé enfatiza que as escolas, como instituições que se ocupam prioritariamente da educação, desempenham um papel ativo na denúncia de qualquer forma de discriminação, salientando que o currículo escolar, considerado desde seu planejamento até sua implementação, tem força na construção de um mundo mais justo e solidário.

GIMENO SACRISTÁN, J. (Org.). *Saberes e incertezas sobre o currículo*. Tradução de Alexandre Salvaterra. Porto Alegre: Penso, 2013.

Essa obra, organizada por Gimeno Sacristán e composta por textos de renomados autores que se dedicaram a pesquisar a educação, busca conceituar e contextualizar o currículo escolar, enfocar as práticas em seu desenvolvimento, explicá-lo nos diferentes níveis educacionais e explicitar as possibilidades em outros espaços de aprendizagem que não a escola, além de sugerir melhorias que influenciam desde a formação dos professores até a reestruturação da própria escola.

BOBBITT, J. F. *O currículo*. Tradução de João Menelau Paraskeva. Lisboa: Plátano, 2004.

Essa obra nos leva a pensar sobre as conjecturas que possibilitaram a conformação do campo educacional no século passado. John Bobbitt propõe um conjunto de ideias para a construção do currículo e da própria gestão curricular, tendo em vista possibilitar que cada sujeito articule e desenvolva suas potencialidades, considerando os interesses da sociedade contemporânea.

Respostas

Capítulo 1

Atividades de autoavaliação

1. d
2. c
3. b
4. c
5. c

Capítulo 2

Atividades de autoavaliação

1. a
2. b
3. b
4. d
5. a

Capítulo 3

Atividades de autoavaliação

1. a
2. c
3. d
4. a
5. b

Capítulo 4

Atividades de autoavaliação

1. d
2. c
3. d
4. a
5. b

Capítulo 5

Atividades de autoavaliação

1. c
2. b
3. a
4. d
5. c

Capítulo 6
Atividades de autoavaliação
1. d
2. a
3. b
4. a
5. a

Sobre a autora

Siderly do Carmo Dahle de Almeida é doutora em Educação e Currículo (2012) pela Pontifícia Universidade Católica de São Paulo (PUC-SP); mestre em Educação (2006) pela Pontifícia Universidade Católica do Paraná (PUCPR); especialista em Gestão da Informação (1999) pela Fundação de Estudos Sociais do Paraná (Fesp) e em Educação a Distância (2009) pela Faculdade Educacional da Lapa (Fael); graduada em Biblioteconomia (1988) pela Universidade Federal do Paraná (UFPR) e em Pedagogia (2010) pela Universidade Castelo Branco (UCB).

Atuou por 15 anos na Prefeitura Municipal de Curitiba com educação básica (1991-2006), período em que também trabalhou com educação infantil e primeiros anos do ensino fundamental. Também implantou e coordenou os faróis do saber, além de bibliotecas de bairro instaladas nas escolas municipais, e atuou na coordenação pedagógica das Usinas de Conhecimento – programa do governo instalado em alguns municípios do Estado do Paraná. Coordenou por seis anos o Núcleo de Aprendizagem e Aprimoramento para a Amadurescência (Napi) da PUCPR e foi coordenadora de estúdio na EADCON, sendo responsável pela capacitação de docentes para atuar na educação a distância (EaD). Trabalhou na Unicesumar como coordenadora dos cursos de pós-graduação na área de EaD e foi docente do Programa de Mestrado em Gestão do Conhecimento nas Organizações e pesquisadora do Instituto Cesumar de Ciência, Tecnologia e Inovação (Iceti). Atualmente, é coordenadora e docente do Programa de Mestrado Profissional em Educação e Novas Tecnologias do Centro Universitário Internacional Uninter. Desenvolve pesquisas e tem experiência na área de educação, com ênfase em tecnologias e mídias educacionais, formação de professores e metodologia de pesquisa.

Os papéis utilizados neste livro, certificados por instituições ambientais competentes, são recicláveis, provenientes de fontes renováveis e, portanto, um meio **respons**ável e natural de informação e conhecimento.

FSC
www.fsc.org
MISTO
Papel | Apoiando
o manejo florestal
responsável
FSC® C103535

Impressão: Reproset